女性宗教改革者
アルギュラ・フォン・グルムバッハの
異議申立て

Argula von Grumbach:
Eine Frau kämpft für die Reformation

伊勢田奈緒

日本評論社

はじめに

　1517年10月30日、マルティン・ルターが「95ヶ条の提題」をヴィッテンベルク城の教会に提示して、宗教改革運動の火蓋が切られてから500年が経とうとしています。日本においては宗教改革研究についてはルター、カルヴァンの二人の指導者を中心に神学的研究が進んできたといっても過言ではないと思います。しかし、見逃してはならないのは、宗教改革運動は教会改革を中心に、政治や経済面に大きな影響を与えたばかりでなく、家族のあり方や教育にも大変革を与えたということです。さらに、その変革のなかを生きつつ宗教改革運動を支えた女性宗教改革者も存在していました。この点については、日本ではほとんど知られていません。本書で紹介するアルギュラ・フォン・グルムバッハはおそらく、最初の女性政治記者であり、論争のために印刷術を巧みに利用し、いくつものタブーを破った、最初のプロテスタントの女性ライターであったといえると思います。宗教の問題に関しては、女性が公言できる権利を擁護するために、彼女は聖書への自由で画期的なアプローチを行いました。他方、福音主義を支持し、大学や教会、裁判所の不正、不義に挑戦するため、八つのパンフレット（小冊子）を出版しました。16世紀初頭、ルターの運動に共感し、自身が公の論争に参加し、また、大学の教授会に宛て、痛烈な抗議文を書いたりしました。この本で、宗教改革運動を支えた彼女を紹介することは、宗教改革運動をさらに多面的に理解するための一助となると考えます。

本書は第1部の「翻訳編」と第2部の「考察編」とに分かれています。「翻訳編」は、アルギュラ・フォン・グルムバッハの全著作を原典から翻訳して収録しています。冒頭の「1　インゴルシュタット大学宛ての書簡」はアルギュラ・フォン・グルムバッハの最初の著作です。これは当時、カトリック教会を擁護し続けていたインゴルシュタット大学が、ルターに影響された同大学の若い講師アルザシウス・ゼーホーファに対して、ルターら福音主義の教説の撤回を強圧的に迫ったことを、平信徒で一般の主婦であるアルギュラが知り、勇敢にもこの青年を弁護しようと同大学宛てに痛烈に抗議して書いたものです。これは、ルターの「95カ条の提題」によって本格化する宗教改革運動がどのように伝播していったかを知ることができる一史料であり、また女性もこの運動に実際に参画したという点を示す貴重な史料であると考えます。さらに、それ以下の他の七つの文章からは、カトリック教会が権力をもっていたインゴルシュタットにおいて、宗教改革運動の高まりのなかでの彼女の運動とそれに対する当時の人々のさまざまな反応、反響を知ることができると考えます。「考察編」は、かつて著者が大学紀要に掲載した2本の論文と、この本のために書き下ろした1本の論文で構成されています。「1　ルター時代の女性宗教改革者アルギュラ・フォン・グルムバッハの自由と抵抗についての一考察」は彼女の運動の意義を論じたものであり、「2　アルギュラ・フォン・グルムバッハと聖書」は彼女の聖書理解について論じたものであり、「3　ルターの妻カタリーナとアルギュラ・フォン・グルムバッハ」は宗教改革運動において、ルターの妻で元修道女であったカタリーナ・ボラとアルギュラとの受け止め方の共通点、相違点を踏まえたうえで、彼女たちに宗教改革運動が与えた意義について述べたものです。

　この本が世に出ることを心から感謝いたします。

著　者

目次　『女性宗教改革者アルギュラ・フォン・グルムバッハの異議申立て』

はじめに／i

第1部　アルギュラ・フォン・グルムバッハの主張　　1
[翻訳編]　パンフレットと書簡から

1　インゴルシュタット大学宛ての書簡
　　—ルター派青年擁護のための抗議文［1523年］……………3

2　ヴィルヘルム公宛ての書簡［1523年］……………25

3　インゴルシュタット議会宛ての書簡［1523年］……………37

4　ジーメルンのヨハン宛ての書簡［1523年］……………45

5　フリードリヒ賢公宛ての書簡［1523年］……………49

6　アダム・フォン・テーリング宛ての書簡［1523年］……………55

7　レーゲンスブルクの人々宛ての書簡［1524年］……………65

8　ランツフートのヨハネスの非難と
　　アルギュラの返答［1524年］……………71

第2部 [考察編] アルギュラ・フォン・グルムバッハと宗教改革運動　97

1　ルター時代の女性宗教改革者アルギュラ・フォン・グルムバッハの自由と抵抗についての一考察……99

1　はじめに　99

2　アルギュラの生涯　100

3　アルギュラ・フォン・グルムバッハによる宗教改革運動への実践と思想　103

　アルザシウス・ゼーホーファの事件／103
　アルギュラに影響を与えたルターの改革思想／106
　アルギュラのルターの思想の受容と実践／108

4　アルギュラによる宗教改革運動の意義　119

5　結語　121

2　アルギュラ・フォン・グルムバッハと聖書……125

1　はじめに　125

2　アルギュラの用いた聖書と聖書箇所　126

3　「インゴルシュタット大学宛ての書簡」からの聖書の用い方　130

4　アルギュラの聖書理解を通して　139

5　おわりに　144

3　ルターの妻カタリーナとアルギュラ・フォン・グルムバッハ……147

| 資料 | アルギュラ、カタリーナ、ルターらと、その時代の宗教改革関連年表……………167 |

あとがき／177

初出一覧／179

第1部
――翻訳編――

アルギュラ・フォン・グルムバッハの主張
パンフレットと書簡から

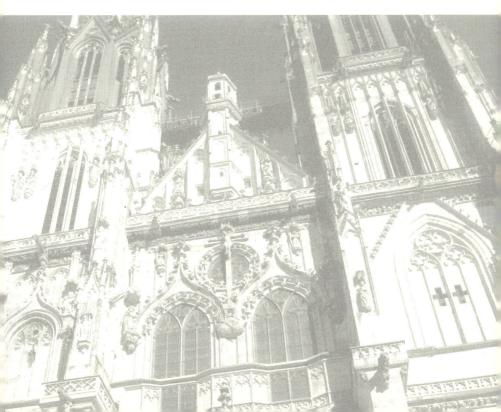

1 インゴルシュタット大学宛ての書簡
―ルター派青年擁護のための抗議文
1523 年

＊ ＊ ＊

　ここに翻訳したものは、宗教改革者マルティン・ルターの運動に共鳴し、自ら宗教改革運動を実践した 16 世紀の女性宗教改革者、アルギュラ・フォン・グルムバッハによって著されたパンフレットであり、また彼女の最初の著作でもある。これは当時、カトリック教会を擁護し続けていたインゴルシュタット大学が、同大学のルターに影響された若い講師アルザシウス・ゼーホーファに対して、ルターら福音主義の教説の撤回を強圧的に迫ったことを、平信徒で一般の主婦であるアルギュラが知り、彼女が勇敢にもこの青年を弁護しようと同大学宛てに痛烈に抗議して書いたものである。

　アルギュラは 1492 年、バイエルンの貴族ベルンハルディン・フォン・シュタウフの娘として生まれた。たび重なる貴族と領邦の君主間の抗争のすえ、シュタウフ家が没落したり、また両親をペストで亡くしたりと、彼女は薄幸な少女時代を過ごした。しかし、15、6 歳頃から 10 年間、バイエルン大公妃クニグンデの女官として仕え、多くの教養を身につけることができた。1516 年にディートフルトを封地として与えられ、フリードリヒ・フォン・グルムバッハと結婚したが、他方、彼女はルターの教説に共鳴し、豊かな聖書の知識をもって福音のために闘い、ドイツの宗教改革を支持した女性の一人となった。

　このパンフレットは、1517 年ルターが「95 カ条の提題」を掲げて宗教改革運動が本格化していくなかで、その改革がどのように伝播したかを知ることができる一史料であり、また、女性もこの運動に実際に参画したという点を示す貴重な史料であると考える。なお、このパンフレットはアルギュラを支持する者による序文とアルギュラの書簡、最後にアルザシウス・ゼーホーファが糾弾される原因となった 17 か条の誓約と、読者への簡単な結びという構成で、1523 年に発行された。

> バイエルンの貴族である一女性キリスト者による意見：
> この公開書簡は、聖なる聖書に基づいた議論によるものであり、
> 福音に従う一人の若者に神の御言葉を否定するように強いた
> インゴルシュタット大学を批判している。
> この書簡の末尾には聖母マリアの誕生祭前夜に、
> ミュンヘンのアルザシウス・ゼーホーファが
> インゴルシュタット大学の命令で取り消し、
> 否定した条項が追記として掲載されている。
> インゴルシュタット　1523年

序文[1]

　兄弟たちよ、今こそ眠りから目覚めるときである。われらの救いは思いのほか近い。ゆえに、キリスト信者たるわが読者よ、そして、あなたがた——盲目にして憤怒に駆られ、そして、つねに聖霊への抵抗に惑っているあなたがた偽善者たちよ、たとえキリストの御言葉(みことば)を信じることは拒んでも、ともかく、神がその御言葉を通してなし遂げられる御業(みわざ)を信じよ。そして、あなたがたの驕慢と貪欲と肉欲の大きなマントを脱ぎ捨てよ。

＊　本稿は、以下の翻訳である。Wie eyn Christliche//fraw des adels/in Beiern durch//jren jn Gotlicher schrifft/wolgegründ//ten Sendtbrieffe/die hohenschul zu Jngold=stat/vmb das sie einen Euangelischen Jung//ling/zu wydersprecchung des wort//Gottes betragt haben//straffet.（Nürnberg: Friedrich Peypus 1523）7 Bl. 4º なお、翻訳にあたって以下を参考にした。Matheson, Peter, Argula von Grumbach. A Woman's Voice in the Reformation, Edinburgh 1995, pp. 56-95; Matheson, Peter (ed.), Arugula von Grumbach: Shriften, Heidelberg, 2010, pp. 63-75, 162-164.

1) 序文を書いたのは、ルター派神学者であるオジアンダー（Osiander, Andreas: 1498-1552）の全集に入っていることからオジアンダーであるとされてきたが、バルタザール・フープマイアー（Hubmaier, Balthasar: 1485-1528）、エーバリン・ヨーハン（Eberlin, Johann: 1465-1533）であるという説もあり、はっきりしないが、3人ともアルギュラと親交がある。

今や、次のことを直視し、理解せよ。われわれの救い主であるキリストが、聖書を熟知した者たちのみならず、大いなる忠誠心をもつ老若男女を問わないあまたの者たちの苦しみ、殉教、そして死である最後の日に、神聖な救いの御言葉によって、慈しみ深くかつ見事に向き合い（教会の初期に起きたことのように）、われわれを慰め、力を与えてくださったことを。同時に、迫害者たちに屈辱的な大混乱をもたらしていることを。

　あなたがたの心が、出エジプト記のファラオのように、冷酷で非情なものになり果てぬように。あなたがたが、心を動かされないままでいないように。というのは、ルカによる福音書19章にあるとおり、「イエスを迎える人々の歓喜の声が沈黙を強いられても、それに代わって石が声を上げ始める」のであるから。さらに、「これより後、わたしはすべての人にわたしの霊をそそぐ。そして、あなたがたの息子や娘は預言する。彼らは知恵の言葉を語る。僕である男女にも、わたしの霊をそそぐ。そして、わたしは天と地に奇跡を行う。主の日、大いなる恐るべき日が来る前に」とヨエル書2章にもあるように。今や、多くの者がこの救いに気づかねばならない。

　ところで、冒頭に記した女性キリスト者については、以下で再現される彼女の手になる公開書簡から知られよう。彼女は聖なる福音を迫害したインゴルシュタット大学の（ユディト書8章に登場する偽預言者のような）聖書学者たちを批判し、かけがえのない神聖なる書物を引用しながら、熱意をこめて彼らに教えようとしている（これは、信じがたいこと、女性には稀有なことであり、この時代にあってまさに前代未聞のことである）。それだけではない。その公開書簡から、彼女が実際に聖書学者たちの前に立ち、彼らに詰問しようとしていたことも読み取れるのである。彼女がそうした書簡をしたためたこと自体が、ほかならぬ神の霊に導かれたものであることが理解できよう。さらにいえば、エステル記4章で、人々を救わんがためにエステルが死と破滅に直面したように、神聖な御言葉の多くの擁護者たちに課された身の毛もよだつような罰に対して、彼女はキリスト者の先導者たることを止めなかったのである。あたかも、神に背き、真実について黙して罪を犯すよりも、自らがなし遂げんとすることのために、男たちに捕らえられることを選んだ聖なるスザンナのように（ダニエル書13章）。

そして、エディト記9章は言う。これらの尊大にして力をもった者たち、キリストの敵である者たちが一掃されんがために、神に祈るべきなのだ、と。「主よ、もしひとりの女性の支配によって彼らを打ち負かすことができたなら、あなたの御名はほめたたえられるであろう」と[2]。そしてわれらは、聖なるゼカリアとともに「ほめたたえよ、イスラエルの神である主を。主はその民を訪ねて、解放した」と高らかに喜び歌いあおうではないか。

＊　＊　＊

　以下、序文で述べてきた女性キリスト者による書簡を掲載する。この女性キリスト者の名前は、書簡の末尾に記されている。

＊　＊　＊

　ヨハネによる福音書12章で主は言われました。「わたしを信じる者がだれも暗闇の中に留まることのないように、わたしは光として世にきた」と。私は、この光たる主イエスが私たちみなの心に宿られ、またその光を見ようとしないすべての者たちの心をも照らさんことを心から願います。アーメン。

　マタイによる福音書10章にはイエスの御言葉が記されています。「人の前でわたしを受けいれる者を、わたしもまた、天にいますわたしの父の前で受けいれるであろう」。また、ルカによる福音書9章には、「わたしとわたしの言葉を恥じる者に対して、わたしが栄光に輝いて来るときに、みなその者を恥じる」とあります。神の口から出ているこれらの御言葉が、いつも私の目の前にあります。というのは、神の御言葉は女性であっても排除することはないのですから。
　そして、これが、キリスト者として私があなたがたにこの書簡を書かざるをえなかった理由なのです。主はエゼキエル書33章で「もしあなたがあな

---

[2] ユディト記では、アッシリアの王ネブカドネツァルが派遣した将軍ホロフェルネスの大軍に包囲され兵糧攻めにあったベツリアの町の美しい未亡人ユディトが、美貌と計略とによってホロフェルネスの首をはね、ユダヤ人に勝利をもたらす話が記されている。ここではここではアルギュラをユディトに喩えている。

たの兄弟の罪を見て、彼を非難するなら、わたしは彼の血の責任をあなたの手に求める」と言われ、マタイによる福音書12章で「[聖霊は三位一体の神なので]聖霊に対して言い逆らう者は、この世でも、来たるべき世でも、許されることはない」と言われ、そして、ヨハネによる福音書6章で「わたしの言葉は霊であり、命である……」と言われているからです。

あなたがたが神の御名において、神の御言葉に背くこのような愚かな暴力に訴えるとき、また、あなたがたがアルザシウス・ゼーホーファの事件で実際になさったように、それ［聖書］を否定させる目的で、その者の手に聖なる聖書を持つことを強いるようなことをなさって、あなたがたとあながたの大学は、それで首尾良くいったなどと、どうして思うことができるのでしょうか？　あなたがたは、ゼーホーファに対して、このような誓いや宣言をさせることをもって立ち向かい、キリストとその御言葉を彼自らに否定させるために、投獄と火刑の恐ろしさを利用したのです。

そんなことをあれこれ考えたとき、私は心と手足が本当に震えたものでした。ルターやメランヒトン[3]はあなたがたに神の御言葉以外に何を教えたというのでしょうか？　あなたがたは、彼らと議論もせずに彼らを非難なさいますが、キリストがあなたがたにそのようにお教えになったのでしょうか。あるいは、使徒たちが、預言者が、福音書の書き手がそのように教えたのでしょうか？　そのようなことが［聖書に］書かれているというのなら、それを私に示していただきたい。立派な聖書学者であるインゴルシュタット大学の神学者のみなさん、あなたがたは聖書の中に、キリストや使徒たちや預言者たちが、だれかを投獄したり、火炙りにしたり、殺害したり、あるいは追放したりしたなどという文言を見つけることができましょうか？　あなたが

3）フィリップ・メランヒトン（Melanchton, Philipp: 1497-1560）。ドイツの人文主義者、宗教改革者。プファルツのブレッテン生まれ。1518 年ヴィッテンベルク大学のギリシア語教授に任命されて以来、ルターとともに大学改革を推進。ルターの影響のもとで宗教改革の信仰に立つに至り、聖書の学士号を得た。ルターに新約聖書の翻訳を勧め、旧約の翻訳を助けた。宗教改革の最初の教義学とされる『神学総覧』（Loci Communes, 1521）を著す。ルターとは対照的に慎重で控えめであり、ルター没後、ルターに代わって指導力を発揮することはできず、彼に与するフィリップ派と純正ルター派の厳しい対立を生んだ。

たは、マタイによる福音書10章で主がこう言われているのをご存知ないのでしょうか。「あなたがたの身体を奪う者を恐れるな、その者の力は終わりになるから。しかし、魂も身体も地獄で滅ぼすことができる者を恐れなさい」と。

だれしも、権威に従う義務の大切さを十分に心得ています。しかし、神の御言葉が関わることについては、使徒言行録4章、5章に明らかなように、教皇も皇帝も統治者たちも管轄権をもっているからといって、［彼らのようなこの世の権威に従って］私が神の名と私の魂の救いのもとに、［神に忠実な］ルターやメランヒトンの書いたものを否定してしまえば、私は神と神の御言葉をも否定することになるでしょう。そして、それは永久に神を禁ずることにもなるでしょう。私はそのように告白しなければなりません。

あなたがたはエレミヤ書の第1章を読んだことはないのでしょうか？　そこで、主はエレミヤに言っています。

「あなたがたはなにが見えますか？」彼［エレミヤ］は言った。「アーモンドの枝が見えます」。すると主は言われた。「あなたは正しく見ている。というのは、わたしはわたしの言葉を成し遂げようと休みなく警戒しているので」と。神は彼に再び尋ねた。「何かほかに見えるか？」と。「煮えたぎるなべが見えます。そして、真夜中から神の顔が見えます」と。主は言われた。「あなたは正しく見てきた。というのは、真夜中から、あらゆる悪がこの地に住むすべての者に現れるであろう」と。

なべは煮えたぎっています。そして、あなたがたとあなたがたの大学はそれを消しはしないでしょう。また、教皇教令を用いることのできる教皇も、キリスト者ではなかったアリストテレスも、あなたがたもそんなことはしようとはしないでしょう。みなさんが、神に反抗し、神の預言者や使徒たちを天から引きずり下ろし、この世から追い払うことを想像してみてください。そんなことは、あってはならないことです。

私はみなさんに、そして私の愛する者たちに、彼［ゼーホーファ］が［大学に］留まれるようにして下さることを懇願いたします。神は聖なる祝福された御言葉を保持しておられるゆえに、私は疑いをもちません。彼［ゼーホーファ］が今まで明らかにしてきたように、神は旧新約聖書においてなされ

てきたことを、今も、これからも続けてなされることでしょう。

　ホセア書13章で預言者が言っているように、神はみなさんを襲うことでしょう。すなわち、「彼らは思い上がり、わたしを忘れる。わたしはライオンのように道で彼らをねらう。そして、子を奪われたクマのように彼らを襲う」ことでしょう。そして、ホセア書6章では「わたしはわたしの口の言葉を持って、滅ぼす」と述べ、イザヤ書30章で「災いだ、あなたがたには。なぜなら、わたしによらないで、あなたがたは計りごとを立てたから」と述べています。また、エゼキエル書13章には「災いだ。自分の心のままに預言する愚かな者たちは、自分に不都合なことについて嘘を教える。つまり、わたしが何も語らず、彼らを許していないときにも彼らは言う。『主は言われる』と。彼らはひとにぎりの大麦とひとかけらのパンのために、死ぬべきではない魂を殺し、生きるべきでない魂を生かしている。そして、彼らはわたしの民に嘘を言い、それで、民は彼らの嘘を信じる」とあります。そして、エゼキエル書33章で神はいったいなんと言っておられるでしょうか？「主の警告は、罰せられるまでは、彼らには美しい詩のようであった。なぜなら、彼らは、一人の預言者が彼らのうちにいることを知らなかったから」と、そして、エレミヤ書48章では「神は彼らのあざけりの的になった。あたかも彼らが彼を盗人の中から見つけたかのように」とあります。

　欲があなたがたを捕えてきました。あなたがたは教皇教令の発行が何の利益ももたらさなかったら、喜んで神の言葉を受け容れたでしょう。福音書というものがその助言者に多くの金を稼がせることなどありません。私は、恵みのうちにある記憶のなかで、私の愛する夫や父が、4行長く助言を受けたために、20グルテン払わなければならなかったことを目のあたりにしてきました。しかし、詩編36編のなかで、ダビデはなんと言っているでしょうか？「若いときにも老いた今も、わたしは見ていない。主に従う人が捨てられ子孫がパンを乞うのを」と。

　私はあなたがたに懇願します。神に信頼してください。神は私たちを見捨てません。マタイによる福音書10章で言っていますように、神はあなたがたの髪の毛一本一本に至るまで数えていて気にかけておられます。

　私は聖母マリアの教会において、教皇教令の説教者が「ケッチェル、ケッ

チェル」「異端者、異端者」と声高に口にしているのを何年も聴かされてきました。なんと、下手なラテン語でしょう！　私は大学へ行っていませんが、あの程度のことなら私にも言えます。彼らが誰かを異端者だと言うのなら、その理由をもっときちんと論証しなければならないでしょう。私は、彼［教皇教令の説教者］に書面にて、福音書の忠実な働き手であるマルティン・ルター氏が異端の説を教えたことになっていることの根拠を私に示すように求め続けたいと思っています。

　しかしながら、私はこれまで自分の気持ちを抑えていました。私は打ち沈んで、何もしませんでした。なぜなら、テモテへの手紙一の2章で、パウロが「女性は黙っているべきで、また、教会内では話してはならない」と言っているからです。私はその言葉に束縛されていました。他方、私が上記で述べましたように、「わたしに告白する者はだれでも」と言ってくれる者を、あるいは、言うことができる者を、見つけることができませんでした。そこで、私は聖書のなかに、自分のすべきことの糸口を探し求め、次のような御言葉を見つけたのです。イザヤ書3章の「わたしは彼らの統治者にするために子どもたちを送りたい。そして、女性に彼らを支配させよう」、イザヤ書29章の「誤った者たちは、彼らの心の中で、知ることを得、つぶやく者たちは法を学ぶであろう」、エゼキエル書20章の「わたしは手を挙げて、彼らに反対して、彼らを散らせた。彼らは決してわたしの裁きに従わず、彼らはわたしの命令を退け、また、彼らの目は、彼らの父祖の偶像に目を引かれた。だから、わたしは彼らに命令を与え、良いものを与えなかった。そして、彼らは決して生きることができないという裁きを与えた」。さらに、詩編8編の「あなたがたは、子どもや乳飲み子の口によって、あなたがたの敵のために、ほめることを定めてきました」、ルカによる福音書10章の「イエスは聖霊によって、喜んで、言われた。『父よ、わたしはあなたがたに感謝します。あなたが、知恵ある者からこれらのものを隠し、小さな者にそれらをあらわしました』」、そして、エレミヤ書3章の「彼らはすべて、小さい者から大きい者まで、わたしを知るであろう」という御言葉も琴線に触れるものでした。また、ヨハネによる福音書6章や、イザヤ書54章の「彼らはみな、神について教えを受けるであろう」、コリントの信徒への手紙一の12章

のパウロの「聖霊によらなければ、だれも『イエスは主である』と言えない」や、マタイによる福音書16章でペトロの告白について、主の「人間があなたにこのことをあらわしたのではなく、わたしの天の父があらわしたのだ」という御言葉も見つけました。

みなさんは、この御言葉をお聞きになりましたか？　人間ではなく、それを私たちに与えてくださった神のほうがこれらの御言葉を理解しなくてはならないというのですか？　パウロがコリントの信徒への手紙一の2章で「あなたがたの信仰は人間の知恵によるものではないのです」と語っているように、みなさんは、私たちを教皇の法による力で抑えることはできません。できるはずなどないのです。エレミヤ書23章にありますように、私たちは、神の命令なしに、法をつくる権利をもっていません。しかしながら、神の命令のすべてを含む書である聖書に基づいていることについては、私たちはそれを快く受け入れたいと思います。しかし、そうではないことについては、私たちにとって断じて合法的ではありません。

あるいは、導かれるまでは、弱く、愚かであった私の兄弟を救すことは私の務めです。神は申命記4章で「あなたがたは、わたしが命じる言葉に何一つ加えることも、減らすこともしてはならない」と述べ、箴言30章においても「御言葉に付け加えようとしてはならない。責められて偽る者と断罪されることのないように」と述べています。私たちが「神の言葉はみな、神に信頼を寄せる者には盾になる」ということに気づく前に、イザヤとエレミヤは「わたしがあなたがたに言う言葉は、わたしの口から宣言するものである」と述べています。

もし、神の勧告や御言葉からではなく、彼ら自身の頭で法をつくりだすとしたら、いったい、律法者や代表者はどのように神の御言葉に耐えられるのでしょうか？　主は、マタイによる福音書15章で、彼らに「偽善者たちよ、あなたがたはあなたがたのペテンのために、神の命令をむなしくしてきた」と言っています。私は人間のつくった戒めによって神をあがめるとしたら、それは、むなしいことであると断言します。

また、ルカによる福音書11章に「律法の専門家であるあなたがたは、災いなるかな。あなたがたは人には背負いきれない重荷を負わせながら、自分

では指一本もその重荷に触れようとしないから」とあります。その同じ章の後には「あなたがた、律法の専門家たちは不幸だ。あなたがたは、自分自身が［天の王国に］入らないばかりでなく、入ろうとする人々をも妨げてきた。知識の鍵を持っているあなたがたは、天の王国の鍵を閉めているのだ」とあります。マタイによる福音書24章で主が「邪悪な僕が仲間を殴り始めていて、その僕の主人が予想しない日、思いがけない時に帰ってきて、彼を厳しく罰し、偽善者たちと同じ目に遭わせる。そこで彼は泣き喚いて歯軋りするだろう」と言われているのをみなさんはお聴きください。神は私たちすべてをお守りになっていることを、どうか忘れないでください。

　私はみなさんがそそのかし、遺憾ながら欺いてこられた諸侯らに心を向けます。というのは、彼らが聖なる聖書について、十分に知らされていないことに、私は気づいたからです。もし、彼らが他の仕事から時間を割くことができましたら、彼らも神の御言葉を超える力を発揮する権利をもつ者はいないという真実に気づくことと思います。まさに、だれであれ、人間は神の御言葉に勝ることはできないのです。じつに、唯一、神の御言葉のみによって——神の御言葉によって創造されないものはないのですが——支配されるべきなのです。支配されなければならないのです。

　もし、信仰を強制することができるのでしたら、どうして、これまですべての不信仰者を信仰へと導いてこなかったのでしょうか？　難しいのは、それが生身の人間の言葉ではなく、私たちに教えなければならない神の御言葉であるということです。あなたがたに強制的に命じられ、宣誓をした可愛い坊や、文学修士のアルザシウス・ゼーホーファとともに、あなたがたはいかなる名声も決して得ることはないでしょう。というのは、あなたがたはひとつのことを忘れていたからです。それは、彼がただの18歳の若者で、いまだ子どもであるということです。そして、ほとんど時をおかずしてこの知らせが遠方にいる私の耳に入ってきたという点から、あなたがたのことはもうあまねく世に知られていることを覚えておかなければならないでしょう。

　諸侯たちは、あなたがたのそのような行為から何か得るものがあったのでしょうか？　この出来事は、あなたがたのなかにもいる貧しい者たちに富を与えるという、諸侯たちの寛大な行為に対する返礼なのでしょうか？　どの

ようにして、あなたがたは彼らを納得させるのですか？　なぜ、みなさんは、彼らが創設し、正当に称賛されてきたあなたがたのこの大学[4]を世の笑い種にするのでしょうか？　ああ、あなたがたのよきことに対する彼ら諸侯の報いは、なんと忠実で寛大なことでしょう！　それに対して、あなたがたはよくもまあ、やれるものです！

　そのことについていえば、彼らはもうまもなく、あなたがたの邪悪な悪意に気づくことでしょう。それは確かなことです。神は彼らが真に理解するようになさるでしょう。私はそれを、心から祈っています。なぜなら、彼らは私の父祖の地の諸侯たちであり、また、私はその諸侯に仕える貴族であった父と母、そしてまた慈悲深い紳士淑女たちのもとで、しばらく育てられ、そして、彼らの豊かな暮らしや敬虔なる信仰心を知っているからです。神は、いつか、そして永遠に、彼らにお報いになられることでしょう。

　私の心を、彼ら諸侯に向けます。というのは、何が起こっているかを彼らに告げるほど誠実な者がいないからです。そして私は、彼らが敬愛されているのは、彼ら自身に対する敬愛よりもむしろ、彼らが持っている富に対してであることがわかりました。さまざまな仕事に忙殺され、彼らには座る暇も、自分のために聖書を読む暇さえないのです。私は彼らに手紙を書く用意をしています。主がルカによる福音書10章で「神の言葉を聞くことがいちばん大事なことだ」と言われるように、神の御言葉以上に必要不可欠なものはないのだと、彼らに伝えようと思います。また、ルカによる福音書9章にある「人は、たとえ、全世界を手に入れたとしても、自分の魂を失っては、なんの得があろうか？」という御言葉も伝えます。しかしながら、彼らはあなたがたを聖書学者として信頼しています。そのことが、彼らがあなたがたを任命した理由です。そして、大学の維持、運営のためにみなさんは土地や彼らの貧しい臣民の生活費からかなりの額を得ておられます。大学は、大き

4）インゴルシュタット大学は1472年に下バイエルン・ランツフート公ルートヴィヒ9世によって創設された。人文、科学、神学、法律、医学部門から成る。ルターの教説はインゴルシュタットにも入ってきたが、ヨハン・エックを中心にして、ただちに宗教改革に対抗し、カトリック教会を守る対抗宗教改革運動の主なるセンターの一つとなった。多くのイエズス会志が育てられ、学校・大学へ派遣された。

な成果を目指し、親たちによって設立され、非常な費用を使って維持、運営されてきました。

　諸侯らが真実を知れば、今ゼーホーファが被っているような、あなたがたの要求に基づく処遇を続けさせたりはしますまい。そして彼が宣誓させられたときのように、さもなくば彼を処刑するなどということに許可を与えはしなかったと強く確信しています。神が彼らに永遠に報いてくださいますように。私はすべてのことがうまくいくことを希望します。

　彼らが真実を知ったときに、どのように指示をするかは、だれにもわかりません。しかし、このことに疑いを持ってはなりません。神を三度否定したペトロを救されたように、神は、アルザシウスについても慈愛をもって救され、これから先を導いていかれるでしょう。なぜなら、日々人は七回転び、そのたびに自分の足で起き上がるからです。神は罪人の死を望まれるのではなく、その人の回心と命を望まれるのです。主であるキリストご自身、死を恐れられます。神は多くの血が流されて苦しまれました。神はこの若者に対して、善きものをたくさん見ていらっしゃることを信じます。ちょうど、主を否定した後、善き働きをした、あのペトロのように。しかしながら、このペトロと違うことは、今でも彼は自由で、長く投獄されたりせず、火刑の脅威にも苦しまなかったということです。

　人が聖書によらず力を用いて議論するとき、論争は簡単に説き伏せられます。私が見るかぎり、最も学識のある方々が、絞首刑執行人であることがわかります。しかし、悪魔がこの喧々囂々たる論争に関わってきたことも簡単にわかります。神は決してあなたがたのやり方に我慢はなさいません。コリントの信徒への手紙二の11章で、パウロは「悪魔は光の天使を装う」と言っています。ですから、詐欺師たちがキリストの使徒を装うことは不思議ではありません。マタイによる福音書10章を思い起こしてください。「敵対しなければならない。父に対する息子、母に対する娘、義母に対する嫁、そしてわたしに従わない者はわたしの敵になるであろう」とあります。また、ヨハネによる福音書16章では「彼らがあなたがたを殺し、彼らが神に奉仕していると考える時が来るであろう。というのは、彼らがこういうことをするのは、父をもわたしをも知らないからである」と、そして、パウロはコリン

トの信徒への手紙一の 11 章では「争いは起こるに違いない。それは、適任者をはっきりさせるために」と語り、また、コリントの信徒への手紙二の 4 章では「もし、福音に覆いが掛かっているとするなら、それは、滅びの道をたどる者たちに対して覆われているのです」と言っています。

　3月6日に発行された帝国の命令[5]を遵守することは、なんとすばらしい方法でしょう！　そこでは、キリスト者の教会によって認められてきた教師たちとともに、神が命令されてきたとおりに、福音が説き明かされることはまったく明白なことです。ローマ・カトリック教会にいかなることも言われることはありません。私は、聖書のなかに、このローマ教会についての記述など、一言も見つけることができません。神がローマ教会について述べられていることがもしあるのなら、それを示していただきたい。私は今まで［異教徒によって］迫害されてきた［ローマ教会の］聖人たちの歴史を読みました。こんな歴史がよかったといえるでしょうか？　気づいてください！　神によきことがありますように。

　ゼーホーファはマルティンによる原典新約聖書のドイツ語訳を否定しなければなりませんでした。それをみなさんは恥じないのですか？　このことは、聖なる福音書や使徒たちの書簡などが、あなたがたによってことごとく異端としていとも簡単に片づけられてしまったことを意味しています。これでは、あなたがたとの適切な討論など望めないように思われます。それから、また、これからルターが発行しようとしているモーセ五書［のドイツ語訳］があります。それも取るに足らないことなのでしょうか？　あの一人のユダヤ人[6]と討論するよりも、よりたやすく、より有益なことでしょうか。私は、あなたがたがアルザシウスの審問において、聖書の言葉を一節でも引いて論駁したということは聞いていません。私が聞いているのは、一人の学識のある法律家が彼のところに進み寄り、「君はなぜ、泣いていたのですか？　君は異端者ではないのですか？」と尋ねたということだけです。しか

　5）おそらく、1523 年に教皇ハドリアヌス 6 世がニュルンベルク国会に特使を送り、教会の誤りを認めたことを指すと思われる。
　6）レーゲンスブルク周辺では反ユダヤ主義が強く、1519 年にはユダヤ人追放が起こっていたことから、ユダヤ人問題と比べているのだと思われる。

し、裁判所の一連の判決はここでは価値がないのです。

　私は、説教壇から帝国の命令が公に読み上げられ、来たるべき議会が召集されましたら、あなたがた学者のつまらない口論に終止符が打たれると思っております。ゼーホーファ事件の全容は、私には、はっきりしませんが、今まで、だれもルターの教説の内容を理解したうえで問題があるとした者はいませんでしたし、だれも聖職者たちについて懸念をもっていないようです。もしも彼らのなかにともかく詩編を読む者があれば、それだけで意味があるものとなるでしょう。

　私はルターの教説に非難されるべきところなど見つけることはできません。ディートフルトの人々は、信仰と永遠の救いに関するこの大きな問題において、ルターたちが説き明かし導いてきたその方法に、大いに喜んでよいはずなのですが、そのことを大学が非難してきたことを私は知っています。ですから、特にこの教区や地域のみなさんは、おそらく堂々とものが言えなくなっているのだと思います。

　私は神のために、あなたがたに懇願します。あなたがたが異端とみなしている、マルティンやメランヒトンによる著作は、神の裁きと正義を私に語り、熱心に説いています。彼らのドイツ語の著述が異端であるとは思えません。そして、実際、彼らの多くの著述がドイツで出版されており、私はそれをすべて読んできました。シュパラティーン[7]は私にルターの著作の全タイトルのリストを送ってきました。私は常に真実を見つけたかったのです。しかし最近、私はルターのものを読んでおりません。というのは、私は、ルターのすべての作品が私たちに直接読むように導いている聖書のことで頭をいっぱいにしてきたからです。貴族である愛する私の父は、私に読ませようと、10歳の私に聖書を贈ってくれました。残念ながら私は、以前有名だった聖職者たち、特に、私のことを邪道に導かれていると言ったフランシスコ会修道士にそそのかされていた父に従いませんでしたが……。

　7）シュパラティーン（Spaltin, Georg: 1484-1545）は 1516 年以来、宮廷顧問官として教会と大学の問題を担当し、ルター、メランヒトンとともに大学改革にあたった。1525 年牧師となり 28 年アルテンブルクの教区長となった。領邦君主統合の新しい教会組織の形成に尽力、ザクセン教会と学校を熱心に巡回した。

ああ、しかし、神の霊に導かれて、テキストからまた次のテキストへと理解が進み——神が誉めたたえられますように——私は真に光輝くものを見ることができるようになったのでした。それはなんとうれしいことでしょう。私は、もし主が私に恵みを与えてくださるなら、私の才能を葬り去ろうとは思いません。ルカによる福音書7章でキリストはこう言われます。「福音は貧しい人に告げ知らされている。私につまずかない者は祝福されよ」と。また、コリントの信徒への手紙一の9章でパウロは「わたしの力を濫用しないように、わたしはありのままの福音を説き明かします」、「わたしは世に再び輝く光であるあなたに心から語ります」と言っています。そして詩編118編に「あなたの言葉が暴露されるとき、光が射してきて、無知な者にも理解を与えます」とあり、詩編36編に「命の泉はあなたにあり、あなたの光に、わたしたちは光を見る」とあり、そしてヨハネによる福音書2章には「神は人間についてだれからも証してもらう必要がない。つまり、彼は何が人間の心の中にあるかをご存知だからである」とあります。また、ヨハネによる福音書14章には「わたしは道であり、真理であり、命である。だれも、わたしを通らなければ、父のもとに行くことができない」とあり、ヨハネによる福音書9章には「主は『わたしはこの世をさばくために来た。こうして、見えない者は見えるようになり、見える者は、見えないようにさせられる』と言った。ファリサイ派の者たちは、尋ねた。『それでは、わたしたちは見えないということか？』と。主は『あなたがたが見えなかったのであれば、罪はなかったであろうに。しかし、あなたがたは"わたしたちは見えている"と言っている。だから、あなたがたの罪はある』」とあります。そして「わたしの言葉に留まる者はだれでも、わたしの弟子である」と言われました。そして同じ章で「神に属する者は神の言葉を聞く。あなたがたがそれを聞かないのは、神に属していないからである」とあります。そしてまた、ヨハネによる福音書10章では「わたしの小さな羊はわたしの声を知っているが、見知らない人の声を彼らは知らないので、彼らはその人についていかない」とあり、マタイによる福音書24章では「天地は滅びる。しかし、わたしの言葉は決して滅びない」と、イザヤ書40章では「神の言葉は永遠に立つ」とあります。

今や、私は、コリントの信徒への手紙二の 1 章の「神の約束の言葉は、どんな『否』も除いた『然り』なのです」という文字や、「この言葉から天と地、万物はみな、作られたのであって、この言葉によらずに作られたものは何もない」とヨハネによる福音書 1 章で言われているような約束を、人間の約束や、教皇の法や発言に見出すことはできません。神は、御言葉によって、死んだ者を生き返らせ、罪人を回心させ、目の見えない者の目を開かせ、足の不自由な者を真っ直ぐに立てるようにし、耳の聞こえない者を話せるようにします。聖書は、教皇教令のような「金のためのわな」ではなく、「救済の宝庫」なのです。そのことを通して私たちの命はマタイによる福音書 4 章やヨハネによる福音書 6 章にあるように約束されるのです。

　私はエレミヤ書 22 章のエレミヤとともに「大地よ、大地よ、大地よ。主の言葉を聞け」と叫びます。私が間違いに気づいていないとお考えなら、この書簡にぜひご返事をいただきたいのです。聖ヒエロニムスも多くの女性たち、たとえば、ブレジラ、パウラ、オイシュトキウムらに手紙を書くことを恥じませんでした。そしてまさに私たちすべての教師であるキリストご自身でさえも、マグダラのマリアや若い女性に説き明かすことを恥じなかったのですから。

　私は喜んであなたがたの前に出て参りましょう。あなたがたと議論することに尻込みはいたしません。というのは、神の恵みによって、私は、ドイツ語で疑問を尋ね、答えを聞き、読むことができるからです。マルティンの訳したものではないドイツ語の聖書も持っています。あなたがた自身も、ルターによる訳業など思いもよらなかった 41 年前に印刷された聖書ならお持ちでしょう。

　もし、ドイツ語に訳された聖書がなかったら、私は他の者たちと同様に、「それは神の御心に反している」として、ゼーホーファが聖書を誤用していると書いたり、言ったりしていたかもしれません。しかし、私は、さらに、聖書をドイツ語に翻訳するような重要な仕事に匹敵するほどのことを行っている人が書いたものを読む必要はありますけれども……。神がルターの仕事を通して御業をなされる時も、そして永遠の時のなかにおいても、神が彼に報いてくださいますように。そして、ルターが自分の見解を取り消すような

ことになったとしても、——神が守ってくださるはずですので——心配はいたしません。私は建築家たちが拒んできたことを自分の手で行っています。他の何人の理解にも頼ることなく、キリストご自身を理解するという真の岩である土台を造っています。とはいえ、コリントの信徒への手紙一の3章でパウロが「キリストという既に据えられている土台を無視して、他の土台を据えることはできません」と言っていることに従い、私は専ら土台の石、隅の親石を築いてきたのです。

神は、私が私たちの三人の諸侯とインゴルシュタット全体の前で、あなたがたと語ることをお許しになります。私はすべての人に、事件が開示されることを望みます。哲学はまったく役に立ちません。パウロがコロサイの信徒への手紙2章で「哲学や世の中のことに賢明である者の高尚な話に用心しなさい」と言い、また、コリントの信徒への手紙一の1章で「神は世の知恵を愚かなものにされたのではないか？」と言い、さらにコリントの信徒への手紙一の3章で「この世の知恵のすべては、神には愚かなものである」と言っていますように。

裁判所の一連の判決は、私に害を及ぼすことはできません。というのは、それは何の意味ももたないからです。私はその判決のなかに神聖な神学を認めることはできません。だから、暴力、投獄、火刑によってではなく、書くことによってみなさんが私に指示したいのでしたら、私自身はなにも恐れません。ヨエル書2章で「再び向きなさい。主に立ち返りなさい。なぜなら、神はやさしく、憐れみ深いから」とあります。主はエレミヤ書2章のなかで「生ける水の源であるわたしを捨てて、水を溜めることのできないこわれた水溜めを掘った」と悲しんでおられます。

コリントの信徒への手紙一の2章のパウロの言葉によれば「わたしは、信じる者にとって神の救いの力である、福音を恥としない」とあり、マタイによる福音書10章で主は「あなたが引き渡されたとき、何を言おうかと心配してはならない。語るのはあなたではないのである。同時に、あなたは言わなければならないことを示されるであろう。そして、あなたがたの父の霊が、あなたを通して語ってくださるのである」と言われています。

私はラテン語を知りません。しかし、私はみなさんが生まれ育ったところ

で使っているドイツ語を知っています。私があなたがたに書いてきたことは、女性の無駄話ではなく、神の御言葉です。そして、私は、キリスト者の教会の一員として訴えたいのです。地獄の門もこの教会に勝つことはできません。ローマ教会と対立して、この教会は優勢なのです。この教会を見なさい。どうして、それが地獄の門に対して勝つことができるのかを？ 神が私たちに恵みを与えてくださり、そして、私たちを救い、神の御心に従って、神が私たちを支配してくださいますように。どうか、神の恵みがその日に実行されますように。アーメン。

　ディートフルト。聖十字架称賛の日の後の日曜日。主の年。1523 年。

アルギュラ・フォン・グルムバッハ
旧姓　フォン・シュタウフ

敬虔で、尊敬すべき、よき家柄の、学識のある、
気高い貴族であるインゴルシュタット大学の学長と
教授会のみなさまへ

＊ ＊ ＊

　　　　1523 年の聖マリアの誕生祭に、
　　　文学修士、ミュンヘンのアルザシウス・ゼーホーファは、
　　反キリストのインゴルシュタット大学の学長と教授会によって、
　　　　次の条項を教えていたことで異端であると糾弾された。

　第 1 条　私たちの義認には信仰のみで十分である。
　第 2 条　神の正しさは、生来のものである。神はよい御業にもかかわらず、身代わりによって人の罪を負われる。
　第 3 条　人はいかなる称賛に値する行為によっても義認は得られない。
　第 4 条　義を為すのは神おひとりであり、私たちの側のいかなる努力もなしに、神は聖霊を私たちにそそぐ。
　第 5 条　いかなる行為にも確信をおくべきではない。

第6条　よい実りもないままの信仰はない。

第7条　聖書は、人の働きのために与えられる報いについて人は信仰によって救われると理解すべきだという。

第8条　行為によって義とされると思い込む者たちは、岩ではなく、砂に家を建てる者たちである。

第9条　神の確かな御言葉を伝えないなら、その人は教会のなかでだれにも信用されない。

第10条　主が教えられたり、命令なさったりしたことを知らないなら、教会において教えられ、なされるべきものはない。

第11条　司祭が教えることは神の御言葉以外、ふさわしいものはない。

第12条　神の御言葉を教える者たちは司祭である。

第13条　妻と離婚する者は、別の人と結婚する権利を持つ。同様に、離婚した妻は別の人と結婚してよい。ただし、最初の結婚の別れが罪ある者である以外は。

第14条　人は神の名誉や隣人が必要としている以外、誓ってはならない。

第15条　世俗的な者のために誓うことはふさわしくない。

第16条　モーセによって示された律法は人間に可能なこと以上のことを要求する。

第17条　キリストの福音は、霊的なものではなく、逐語的であるという教えは、コリントの信徒への手紙二の3章の文字は殺すが、霊は命を与えるという、すなわち、文字はモーセの律法であり、霊は福音の法であるということを意味するという聖パウロの教えと反対である。

*　*　*

アルザシウス・ゼーホーファによる
無効にされ否認された条項

ミュンヘンの市民であり、文学修士である私アルザシウスは、自らの手で書いたこの文書によって、私がこの手に持って告白を行う聖なる聖書に誓います。そして、これを、名高いインゴルシュタット大学の学長と教授会と大

学の全共同体であるみなさまの前で、私自身の口で読み上げ、宣言します。

　私は、これまで、ルター派の誤った異端の考えとさまざまな罪に関わってきたため、神を冒瀆する者と疑われてきました。すなわち、私はルターの教えを大学で教え、文書を書いて、支持を表明するなど多くの方法で、それを広めてきました。また、全力を尽くしてルター派の書物をラテン語からドイツ語に翻訳してきました。結果として、それらに対する罰を待つため、大学の学長や評議委員会によって投獄されました（異端の擁護者たちが普通法で罰せられるように）。しかしながら、私は特別な命令と、高貴な生まれの君主や貴族たち、すなわち、兄弟でありパラティンの伯爵であるヴィルヘルム伯やルードヴィッヒ伯という方々の身に余るご厚意により許され、この恐ろしい罰を取り消していただきました。もし私が今、詫びて告白するなら、私の過ちを無効にする、と。

　だから、私はこれに基づき、フィリップ・メランヒトンの書いたもののうち、私の講義のなかでこれまで読んできたもの一切を、また、私が話し、あるいは書き、この大学での自分に関わる公的な書類の一切も、恐るべき異端であり不正な行為であったと告白し、また、神聖なる教皇や帝国皇帝、そして私の最も敬愛する諸侯たちによる禁令に従って、私は二度とそれに固執したり、利用したりはいたしません。しかし、——敬虔なるキリスト者にふさわしく——聖なるローマ教会や聖なる評議委員会による非難や、規定をすべて信じ、名誉あるキリスト教の伝統を受け容れ、そして、私たちの親切な諸侯たちの命とあらば、必ずやここを去って、身も心もエッタル修道院へと赴きたいと思います。そして私はルターの教説を読むことも広めることも望みはいたしません。どうか、全能なる神よ、私を助けたまえ。

＊　＊　＊

恵みと平安のうちにあるキリスト信者である読者へ

　見よ、キリスト信者である読者よ。インゴルシュタットの神学者たちのなかの目の見えない者たちは、純粋な神の御言葉と聖書の御言葉をキリスト信者たちに否定させようとしたばかりでなく、最後の条項で、聖パウロを嘘つ

きにしたのである。というのは、彼らは彼が、文字によって、モーセの律法と霊によって福音の法を理解していることを言っているのであるから。その点で、彼自身は、それが法であれ福音であれ、神は霊であり、一方、文字は書物のなかで書くものであり、人間の耳での声であると言っている。しかしながら、霊は私たちの心のなかで神が働いているものであり、ゆえに、私たちはその言葉の存在で生かされ、その後、その言葉で成長し、実を結ぶことを信じるのである。彼らは自分が言っていることがわからないのだ。彼らは、彼ら自身、まだ福音から何かを学ぶべきだということを世に公表しているのである。

　どうか、神の平安があなたがたとともにありますように。アーメン。

2 ヴィルヘルム公宛ての書簡
1523年

* * *

　ここに翻訳したものは、アルギュラ・フォン・グルムバッハが1523年9月20日に出した「ヴィルヘルム公宛ての書簡」である。これは「インゴルシュタット大学宛ての書簡」の写しに添えられた文書である。ヴィルヘルム公爵とアルギュラ・フォン・グルムバッハは幼馴染みとして成長したこともあって、手紙の形式は常に敬意を払いながらも、親愛の情をこめて書かれている。

　この書簡はインゴルシュタット大学で異端審問されたルター派青年アルザシウス・ゼーホーファの事件から書き起こされている。アルギュラは、ヴィルヘルム公爵の仲裁によってゼーホーファが司教の手と火刑から救われたことに感謝を述べた後、当事件とその理不尽な処置を説明している。その後、公爵に、現在の聖職者による財政的搾取と不道徳な行状など非道なことが広がっている実情を、聖書を巧みに用いながら警告している。彼女は公爵を鎖につながれたサルにたとえて、臣民の魂を救うために公爵が神の前で責任ある者としてその大きな悪弊に反対するべきであると強く勧告している。

　なお、この書簡はバンベルク、シュツットガルト、アウグスブルク、ミュンヘン、エイレンベルクにおいてそれぞれ5回の増刷りがあったことから、当時のドイツ人たちが彼女のメッセージに関心をもち、ある者は共感し、ある者は反発していたことがうかがえる。

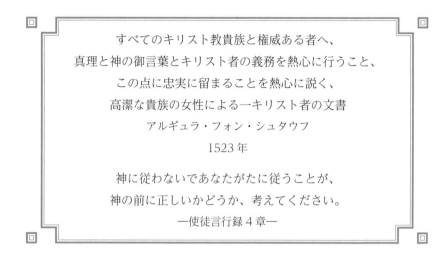

すべてのキリスト教貴族と権威ある者へ、
真理と神の御言葉とキリスト者の義務を熱心に行うこと、
この点に忠実に留まることを熱心に説く、
高潔な貴族の女性による一キリスト者の文書
アルギュラ・フォン・シュタウフ
1523 年

神に従わないであなたがたに従うことが、
神の前に正しいかどうか、考えてください。
―使徒言行録 4 章―

君主であり貴族である、ラインのパラティンの伯爵で、
上部・下部バイエルンの公爵である、
敬愛するヴィルヘルム閣下[1]へ

神の恵みと平安と聖霊の働きが閣下とともに、今もまた、永遠にあります

---

* 本稿は、以下の翻訳である。Ein Christenliche schrifft//ainer Erbarn frawen/vom〔m〕Adel//darin〔n〕sy alle Christenliche stendt//vn〔d〕obrikeyten ermant/bey der//warheyt vnnd dem wort//gottes zu bleiben vn〔d〕sol//lichs auss Christlicher//pflicht zum ernnst-//lichste〔n〕zu handt//haben. //Argula Staufferin. //M. D. XXiij.//Actuum 4. //Richtent jr selb/ obs vor got recht//sey das wir ewch meer gehorsam//sein söllen den Gott.（München: Hans Schoser 1523）8 Bl., TE, 4º なお、翻訳にあたって以下を参考にした。Matheson, Peter, Argula von Grumbach. A Woman's Voice in the Reformation, Edinburgh 1995, pp. 96-112; Matheson, Peter（ed.）, Arugula von Grumbach: Shriften, Heidelberg, 2010, pp. 76-93.

1）ヴィルヘルム 4 世（Wilhelm IV.: 1493. 11. 13-1550. 03. 07）は、16 世紀のバイエルン公（在位：1508-1550）。アルブレヒト 4 世とクニグンデ・フォン・エスターライヒの長男。一時、弟のルートヴィヒ 10 世とバイエルンを共同統治していた。父が長子相続を取り決めたことにより、1508 年の父の死後に遺領を単独相続したが、弟のルートヴィヒ 10 世が共同統治を主張し、1516 年にランツフート、シュトラウビングを共同統治領とした。宗教改革にはじめは同情を示していたが、1522 年にマルティン・ルターの著作物を禁書とする初の福音主義に抗する命令を出すとともに、カトリックに転向し、1524 年には教皇クレメンス 4 世を支持し、ザルツブルク大司教と提携して、ドイツ対抗宗教改革の政治的リーダーとなり、ドイツ農民戦争を鎮圧した。

ように。

　親愛なる君主様、最近、聖母マリアの誕生祭のイヴに閣下のインゴルシュタット大学において、アルザシウス・ゼーホーファという名の若者が、長い投獄の末、聖なる福音と神の御言葉を強制的に否定せしめられました。彼は火刑の脅威のもとにあって、自分の考えを守ることができなかったのです。

　この事件は、すぐに、キリスト者各人の心を傷めましたが、しかし、（大学当局である）彼らは大胆にも、自分たちは閣下に代わって行動していると主張したのです。さて、ニュルンベルクのある市民がこのことを嫌悪して当事件がどのように取り扱われたか、包み隠さず記録した文書を私に送ってきました。私は、他の問題でも閣下がキリスト教君主として神の力を決して侵害したことはないということを知っているので（というのは、だれも、神の御言葉を禁じる権力をもたないし、また、それを支配する権利ももたないからですが）、この事件についての隠された真実をできるかぎり簡潔に説明いたしたいと思います。

　ただ神の御言葉だけがすべての者を支配すべきで、実際、そうでなければなりません。彼ら大学当局者たちはその御言葉をルターの言葉と呼びます。しかし、それはルターの言葉ではなく、神の御言葉であります。ヨハネによる福音書7章に「主は彼らの邪悪なことを彼らに証した。このために彼らは主を憎んだ」とあります。そして、このことは、ルターにも起こっています。弟子は師に勝るものではない、このことは、すべての使徒たちにとって、そして主はキリストであると告白したすべての者にとって、その師がルターであれ、メランヒトンであれ、他のだれであっても、真実なことなのです。そして、もし、悪魔が地獄から私たちに対して聖なる福音を説き明かすことが可能なら、それは、神の御言葉のままであり、そうあり続けることでしょう。パウロもまた、ガラテヤ人たちに対してこう述べています。「天使が天から来て、あなたがたに福音と異なることを教えたとしたら、その天使

また、ボヘミア王位を主張してハプスブルク家と対立したが、1534年、フェルディナント1世とリンツで和睦した。1545年にルートヴィヒ10世が死去したため、改めてバイエルンを単独統治することになった。シュマルカルデン戦争ではカール5世（フェルディナント1世の兄）の下で戦った。

は、呪われるがよい」と。

　彼ら大学当局者たちは、福音と異なることを教えたわけではないアルザシウスに対して、なんの特別扱いもしませんでした。すなわち、アルザシウスは、火刑に直面して、ルターやメランヒトンの作品すべてを無条件で否定しなければならなかったのです。

　しかし、マルティンがしてきたことは、ただ単に、聖書全体を聖書原典のテキストからドイツ語に翻訳したにすぎません。ですから、もし私が福音的な、使徒的な、そして預言的な書き物を否定するとしたら、それは神と神の御言葉を否定したことになるのではないでしょうか？

　どうか、閣下の君主としての慈愛によって判断してくださいませんか？閣下がこの問題について彼らから誤ったことしか知らされてきていないというのでないかぎり、私はアルザシウスに対する扱いが閣下の命令だったとは思えないのです。

　このたびの大騒ぎは、まだほんの18歳の子どもの事件が発端でした！そして、彼ら大学当局者は聖書の具体的内容に照らした追及を行っていないのですが……ゼーホーファは彼らから加えられた数々の迫害に耐えなければならなかったということ、そしてすでに3回にわたって投獄されたということを聞きました。しかし、彼が誓いの言葉を明らかにしたことにより彼らの残忍な手から、そして閣下の命令のおかげで死から救われたことに対して感謝いたします。神は閣下に対して必ずや報われることでしょう。なぜなら、正しさのための血は神を必要とするからです。

　ペトロは主を3度否定したにもかかわらず、投獄や火刑を強いられることはありませんでした。主はそのペトロと同じように、この若者も取り扱われるであろうと、私は信じています。神は罪人の死を望まれるのではなく、罪人が悔い改め、生きることを望まれます。たとえ、正しい人が、1日に7回つまずいたとしても、たくさんのよいことがこの若者に起こるかもしれません。

　私はまた、閣下に、彼らが言っていることをすべて信ずることなく、むしろ、ヨハネが第一の手紙の4章で「主はキリストであると告白する者は、神から出たものです」と言っているように、聖なる聖書に従って、霊によって

真偽を見定めてくださるよう懇願します。そして、圧制がはびこっているときに、真実を十分よく知らせられることがたしかに必要なことだと私は思います。じつにこのことは、キリスト者みなに当てはまることです。私たちキリスト者にとって「私は年長者たちが信じたことを信じます」というのは、十分正しいこととはいえません。すなわち、私たちが信じなければならないのは神の存在なのであって、私たちの親たちではないのです。もし、古い事柄が真の信仰に役立つのなら、ユダヤ人の信仰は最高のものになるはずでしょうから……。

イエスはマタイによる福音書10章で「人々の前で、わたしを知っているという者はみな、わたしも天の父の前でその人を知っているとする。しかし、わたしを知らないとする者はだれでも、わたしも天の父の前で知らないとする」と述べ、ルカによる福音書9章では「わたしとわたしの言葉を恥じるものはだれでも、わたしが栄光に輝いて来るときに、その者を恥じる」と述べておられます。ですから、神が彼らに話してこられたことを私も知っています。

神の恵みによって、私には恐れるものは何もありません。1000回、私の首を犠牲にしても、私は自らの平安を保とうとは思いません。

私自身にできることは、［彼らのいう］罪をおかすことです。すなわち、主は、マタイによる福音書10章で「体は殺しても魂を殺すことのできない者どもを恐れるな。むしろ、魂も身体も殺し、地獄へ引きずり落とす力を持っている者を恐れなさい」と、そして「わたしよりも父や、母や、姉妹や、兄弟や、子を愛する者は、わたしにはふさわしくない。また、わたしよりも自分の魂、すなわち、自分の体を愛する者はだれも、わたしにふさわしくない」と述べておられますから。

さて、閣下は、神の御言葉を受け入れる者たちに疑うことなく敬意を払うべきです。パウロがローマの信徒への手紙13章で「敬うべき人を敬いなさい。その人たちに貢租、税、お金を与えなさい。そして、権威者に従いなさい。たとえ、悪い権威者にでも。というのは、すべての権威は神からのものであるから」と述べています。しかし、閣下はご自分の力を誤用なさいませぬようご注意ください。というのは、閣下は、私たちと同じように、福音の

定めに従っておられるのだからです。もし人がキリスト者でありたいなら、神の御言葉を禁止したり、そのような禁止に従うべきなどと教えてはならず、むしろ命を失うことさえ、教えているのですから。私たちは、使徒言行録の 4 章、5 章で「人は人間よりも神に従うべきだ」と知らされています。

　閣下が神の御言葉を守る恵みを人々に与えられますように……。そして、国家も人々も健康と幸福を享受できますように……。もし、閣下がそのことをなさらなければ、神はそれに対して、きっと報復をお与えになるでしょう。私たちは、聖なる聖書のなかで、いかに神が私たちを罰してこられたか、そして罰するために、天災によっていかに私たちを脅かしておられるかを学んでいます。というのは、神がエルサレムやユダの国について述べておられることは、とりもなおさずすべての人、すべての国に対して語っておられるということなのですから。

　さて、主は私たちを敵の手に渡し、外国の主人に仕えさせ、苛酷な労役を強いました。そしてまた私たちが父祖の土地から逃亡したときには剣で殺され、しかもその亡骸は埋葬もされぬまま鳥や動物のえじきになったことを主は告げています。そして、そのようにすることで、神は、多くの人々が失われて少数になることを警告されるのです。神は家畜を流行病や悪疫によって殺し、土壌を荒廃させて不毛の地にしてしまわれます。さらに、飢饉を招き、父が息子を、息子が父を食らうという異常なまでに恐ろしい事態を招き寄せます。子どもたちでさえ、母親の腕や胸に抱かれたまま死んでいくのです。こうしたことは、歴代誌下 6 章やイザヤ書 30 章と 34 章、バルク書 2 章やエゼキエル書 5 章と 7 章、ホセア書 14 章やその他聖書の多くの箇所に述べられています。ルターではなく神がこのように、いかなる「否」をも除いた、「然り」である御言葉を語っておられるのです。

　聖書のなかに「天と地（神が言われるように）は滅びるが、しかし、わたしの言葉は決して滅びない」とあります。また、エレミヤは、哀歌 4 章のなかで「預言者はその女性たちのために悲しみ、とても嘆き、語る」と述べ、そして「やさしい心をもっているのに、その女性たちは自分の子どもを料理し、自分の食糧とした」とも語り、祭司たちにはそのような困窮に対する責任があるのだと嘆いています。なぜなら、彼ら、祭司たちは神の御言葉を述

べなかったからです。

　閣下は、神の恵みによって以上のことを真剣にお考えくださいますように。そして、私たちの時代に生きている者に、また、金や銀ならずとも価値ある贖いの赤いバラの血で高い代価を払われた主イエス・キリストの民にも、永久の滅びがもたらされることがありませんように。というのは、神はエゼキエル書13章で「彼らはひとにぎりの大麦とひとかけらのパンのゆえに、死ぬべきではない者を殺し、生きるべきでない者を生かしている。そして、彼らは欺きの言葉を信じる私の民を欺き、彼ら自身の心の思い付きを説き明かし、平安がないのに平安だと述べる」と述べておられるからです。

　尊敬を払うべきは逐語的に聖書を語る説教者ではなく、神の霊のうちにあって神の御言葉を述べるために修養した良き説教者です。人は、そのような説教者を求めて、地の果てまで行くでしょう。なぜなら、私たちの救いのすべては神の御言葉にかかっているのですから。

　神は、マタイによる福音書7章で「偽預言者を警戒しなさい。彼らは羊の皮を身にまとってあなたがたのところに来るが、その内側は貪欲な狼である」と述べています。ここでの偽預言者とは、司祭や修道士や修道女を指し示しています。いったい、どんな君公が皇帝から、美しくすばらしい町に強盗のための施設をつくる権利を与えられたというのでしょうか？　同様に、どんな伯爵や領主が閣下の先祖から、あるいは公爵である閣下から、この種の許可を今まで与えられてきたのでしょうか？　イザヤ書3章に「彼らはわたしの民を盗んできたし、彼らは女性たちに支配されてきた」とありますように、主は彼らを強盗と呼びます。それは神が言われたことなのですが、それを私が言ったら、ルター派と名づけられるでしょう。しかし、それこそが、彼らが生き残る術なのです。おお、神よ、なんとソドム人的な純粋さであることか！　まるで端金を摑むような貧しさ！　彼らはちょうど私たちが羽織るような、肉のマントを身につけています。たとえ、無花果の葉のようなマントで着飾ったところで、それは神の目にはなんの役にも立ちません。もしそうでなければ、私たちもマントを着たいと思ったでしょう。

　パウロはコリントの信徒への手紙一の7章で「男性はめいめい、一人の妻をもち、また、女性はめいめい、一人の夫をもつべきである。なぜなら、情

欲に身を焦がすよりも、結婚した方がましであるから」と述べています。もし、私が貞節を約束したら、それは私が指で空に触れたり、あるいは、空を飛んだりすることを約束するようなものでしょう。そんなことは、私たちの力の及ぶものではないのです。主はマタイによる福音書19章で「理解できるものはだれでも、受け入れなさい」と述べておられます。この恵みは、マントを身につけたり、剃髪を自慢したりしている者すべてに与えられるわけではないのです。

　彼らの建物や、いっぱいになっている収納箱や台所や地下室や、また彼らの青白い頬から、彼らがいかに貧しいかがわかります。「あなたはまだ50歳にもならないのに、アブラハムを見たのか[2]」とユダヤ人たちが言ったとき、やっと33歳だったキリストに起こったことは、彼らには起こりません。

　何も稼ぎもせずにあらゆるものをかき集めるフランシスコ修道会士たちのような会計係を持つ余裕は閣下にはありません。そう判断するのは私ではなく、マタイによる福音書23章のキリストです。「あなたがたは不幸だ、ファリサイ派の者たち、あなたがた腹黒い者たちよ、やもめの家を食い物にし、見せかけの長い祈りをする。永遠なる火はあなたがたのために準備されている」と。私が見るかぎり、多くの司教座参事会員や説教者や他の大勢の者たちの基本財産は、恋人や彼らの愛人のために用意しているにすぎません。このことはうんざりするほど明らかなことなのです。教皇は悪魔の助言に従います。そして、教皇は女性たちを虐げてきましたし、また、お金のために内妻を許してきました[3]。

　ああ、君公たちよ、そうした事実を調べてみてください。あなたがた君公の破滅を招かないためにも。罰するための剣を持っているのはあなたがた君公たちであって、聖職者たちではありません。聖職者たちの仕事は神の御言葉を広めることです。神は、あなたがたの目が開かれ、あなたがたがその手

2）ヨハネによる福音書8章57節。この言葉に「イエスは言われた。『はっきり言っておく。アブラハムが生まれる前から"わたしはある"』」と続く。ユダヤ人たちの暮らしぶりや顔色を見れば、彼らが貧しいということはすぐ判断できるが、神のことは私たちが判断することは不可能であるということ。

3）内妻をもつことは許されないことだったが、教皇は金銭を見返りに、それを認めていた。

に神に与えられた剣を取ることをお許しになります。マタイによる福音書20章で言われています。「この世の支配者たちは民を支配するが、しかし、あなたがたの間ではそうであってはならない。あなたがたの間で最も偉い者であろうとする者はみな、最も小さい者であり、他の者みなの僕(しもべ)になるべきです。ちょうど、人の子が仕えられるためではなく、仕えるために来たように」。

　私たちが犯している罪はこれが逆になっていることです。すなわち、霊に仕える支配者や高位聖職者たちがお金を持ち、他方で世俗の支配者たちの財布は空っぽなのです。上記のことによって、神がその怒りを私たちにお送りになることがないように、閣下はご自身のために、そして私たちのために、修復の道を見出してくださいますように。なぜなら、私たちはトルコ人の猛威を見てきたからです。神が守っておられる私たちの父祖の土地に、トルコ人が君臨することになるかもしれない。その心配の種があります。暴行は至るところに広がっています。しかし、問題をこのまま進ませてはならないのです。

　神は、君主や領主たちが、いわゆる霊的な支配者たちによって鎖につながれ、サルのように彼らに従うことを決してお許しになりません。もし閣下が、すべての学校と修道院、すべての教会と特別教会に、税金の登録を無視するように命じることができるのなら、また地代やお金を彼らに払っている者たちに地方裁判所に出頭するよう命じることができるのなら、閣下は直ちに、トルコ人たちに対抗するため、税を上げてくださいますように。そうすれば、彼らは実際に富とは何かについて学ぶことでしょう。彼らが持ちすぎた富を、貧しい人たちの重荷を軽減するために公的に利用すべきなのです。

　不在利益獲得者[4]による強奪を廃止してください。キリストの群れを養うはずの者たちが自身の渇望に歯止めをかけることなどほとんどできないのは明らかなことです。さらにいえば、彼らの地位はほかの能力をもつ者たちの支配などほとんど受けないのです。彼らはとんでもない安値で雇われた、役

---

[4] ドイツの5分の1はいかなる公領にも匹敵するほどの広大な土地をもった大きな君主権司教の手中にあったと言われる。G. R. エルトン『宗教改革の時代』みすず書房、1973年、11頁。

立たずの愚か者しか引き受けません。貧しい者の汗は悪魔の奉仕に使われているのです。

　ヴォブルクの牧師である、フライベルガーは聖職禄[5]から年に 800 ギルダー以上の俸給を受けながら、年にただ一回の説教もしていません。そして、アイヒシュテーテのベルンハルト・アルトはどうでしょう！　ひとつの教区の俸給があまりに少なすぎるのなら、もっと与えてください。多すぎるのなら、いくらかを取り上げ、それを共有財産に振り向けてください。ほかになんの喜びももたない者たち（大衆のような）については、神は彼らを顧みてくださり、聖書を通して容易に喜びに気づかせてくださるでしょう。

　もし、あなたさまが、福音が貧しいものたちに説き明かされるのを見ることができるなら、あなたさまの国は詩編 3 編でダビデが「千人にも恐れません」と言い、そしてまたイザヤ書 30 章に「千人は一人の手から逃げます」とありますように、幸福と勝利で祝福されることでしょう。神の御言葉が勝利するところではみな、あなたさまに従うことでしょう。逆に、神の御言葉に背く者はみな、あらゆる疫病に包囲されることでしょう。強制はあるべきではありません。受け入れる者たちは恵みを見出し、受け入れない者たちは、神からの当然の罰に直面することでしょう。神は「これからはあなたがたはそうではなくなる」と言っておられます。

　私が、キリストの内にある私の兄弟としてあなたさまに手紙を書くことを妨げるものはありません。私はこれまでも言ってきたつもりです。神の霊がすべてのことを支配しますように、と。神は、私があなたさまの幸福を喜び、あなたさまの不幸を嘆くのを見てこられた証人であります。私の両親が 5 日のうちに相次いで他界した後、女性である私を、あなたさまは第一保護者として見守ってくださったことを私は忘れません。そして、私はあなたさまの奥方の母上さまの女官を務めさせていただいたことも忘れたことはありません。また、私が悩んでいるとき、「そんなに泣いてはならない。私は、

　5） 6〜9 世紀にかけては教会は一般に土地を所有するようになり、封土の様式がとられるようになった。やがて、教会職と結びついて教会財産の所領あるいは奉納物から一定の収益を得る権利、およびその権利により得られる収入のことを言うようになった。

父親も同然の、あなたの君主なのだから」と言ってくださった。その言葉に、私はどんなに慰められたことでしょう。

　私の夫も、閣下のご親切により収入を得てきましたし、私たちの子どもも仕事や賄いつきの下宿をあなたさまのご配慮で見つけることができました。私があなたさまに手紙を書かなければ、と思い至ったのは、これまでにいただいてきましたあなたさまのご親切に対する私の感謝を——こういったささやかな方法ではありますが——お示ししたかったからです。聖ペトロのように、私は金も銀も持っておりませんが、神への愛と、隣人としてあなたさまへの愛を持っています。なぜなら、ルカによる福音書9章で神が「人はたとえ、全世界を得ても、自分の魂を失ってはなんの得があろうか？」と言われていますから。失ってしまった魂を買い戻すことなど、どうしてできましょう！　私のキリスト教徒としての務めは私が黙ることを意味するのではありません。ですから、私は大学へ書簡を書き送ったのです。閣下にその写しを同封いたします。万が一、書簡の中で、私があなたさまを誤って中傷しているようなことがありましたら、真実を私に知らせてくださってかまいません。神の恵みをもって、私は自らが書いてきたものに対して責任を負わなければなりません。なぜなら、それは私の言葉ではなくて、神の御言葉だからです。あなたさまがそれをお心にとどめられますように。というのは、神は必ず、あなたさまの手で、閣下ご自身の臣民たちの魂が救われることをお求めになるでしょうから。

　閣下は、金をむさぼる人々の言っていることを、どうか信じたりなさいませぬように。彼らの思うがままにさせることにはくれぐれも注意なさいますように。というのは、そのことは神と争う彼らの貪欲さゆえであるということが明らかだからであり、もちろん、無駄なことなのですから。私たちが神の御言葉に従うのはみな、幸せなことです。それに耐えることができないのは、司祭、修道士、修道女、行政長官、それに彼らの擁護者と弁護士だけです。というのは、神は「人からしてもらいたいと思うことを、あなたがたも、その人たちにしてあげなさい」と言われるからです。この御言葉に基づいた正義の体系からひとつの評決が導かれることは明らかです。世代が移っても、裁判官のもとで同じ事柄について裁判が行われるときも、その評決が

否定されることを認めてはなりません。

　議論が起こったとき、正しい人とまちがっている人を見分けられる——裁判官は必ずどちらが正しいかを決めることができましょうが——十分賢明な人たちをあなたさまはたしかにもっておられます。もし、そうした地位を与えられた者が、「裁判官として、主の霊が住んでいる、だれか賢明なものを選ぶ」と言うパウロの助言に従って選ばれた者であり、その条件を満たした者であれば、パウロは大食家、姦通者、神を冒瀆する者、殺人者などと言わなかったでしょうに。神の霊はうやうやしく、慈悲深く、忍耐強く、貞節……なのですから。

　法律家たちの助言は、決して有益なものではないでしょう。彼らは金持ちになりました。他方、国も人々も貧しくなりました。私は、彼らのような人たちをよく知っていましたし、今も知っています。4年間、赤い法冠をかぶっていれば、彼らのような自分のワインの限度を知らない者は、目にとまったすべてのものを買い占めることができるのです。彼らの法冠は、決して使い尽くすことのないあのフォルトゥナトゥス[6]の財布を伴っていると私は確信しています。もし、彼らが彼（フォルトゥナトゥス）の帽子を持っていたら、彼らは自分が好きなところ、どこへでも旅行ができることでしょう。慈悲深い君主である領主さま、私はか弱い力を振り絞ってキリストの民が圧制されているこれらの重大な問題について、閣下に述べてまいりました。

　閣下が寛大さをもって、私の拙い書き物に大きな意義を見出してくださいますように。それはこの手紙が一時の問題ではなく、永遠なる問題を語っておりますゆえに。私は、閣下が霊をもってすべてのことを理解なさいますよう願い求めます。私は神にお委ねします。神が閣下と閣下の大事なすべての者とともに、私がここにしたためてきたことを覆してくださいますように。そして、神が今、あなたさまとともに永遠に留まりますように。アーメン。

　ディートフルト、聖十字架称賛の日の後の日曜日。1523年。

　6）フォルトゥナトゥス（Fortunatus）は、1509年にはじめて刊行された、魔法の財布のおかげで、財を成し、魔法の帽子をかぶっているときは、好きなところへ旅行できるという内容の当時人気の痛快大衆本の主人公のことである。

3 インゴルシュタット議会宛ての書簡
1523年

* * *

　「インゴルシュタット議会宛ての書簡」は1523年10月28日付になっており、同年、アウグスブルクのフィリップ・ウルハルトによって出版されている。

　アルギュラ・フォン・グルムバッハが先に出した「インゴルシュタット大学宛ての書簡」が短期間で多くの人々に読まれ、その痛烈な大学側への批判やローマ教会に対する非難に対して、瞬く間に彼女に対する誤解を含むさまざまなゴシップや弾劾が巻き起こったようである。この書簡は、彼女がまさに迫害と死の脅威に曝されているただなかで書かれた、当時のルターらに対する弾圧を生々しく証言しているものであることが、文章より読み取れる。

　アルギュラは行政官たちに対して「友」として呼びかけながら、約24の聖書のテキストにより、彼らの罪を自覚させ、正しい判断をして誤った者を正当に裁き、しかし、心を頑なにしている者たちを罰しないように勧告している。また、女性たちに対して、自分に続いて、勇気をもって公に著述する者の出現を期待していることも述べられている。

私のよき友であるインゴルシュタットの
高潔で慎重で賢明なる行政官と議会へ

　みなさまの上に、神の恵みと平安がありますように。私はみなさまに、キリストにあって親愛なる兄弟姉妹として、心からのご挨拶を申し上げます。

　さて、このほど私はアルザシウス・ゼーホーファの一件について、インゴルシュタット大学に手紙を書き送る機会をもちました。私はキリスト者としての務めから、そうせざるをえなかったのです。この問題で彼ら［大学側の関係者］に不利益を与えまいと心してきたつもりでしたし、私の犯した誤りを釈明しようとも考えてきました。しかし、仄聞するところでは、私の意思と裏腹に、事件全体が広く知られるところとなってしまいました。結果として、多くの人たちがこの事件について、私と議論を交わすことになりましたし、また私の行動と意図とが大きな誤解を受けることにもなりました。

＊　本稿は、以下の翻訳である。An ain Ersamen//Weysen Radt der stat//Jngolstat/ain sandt//brieff/von Fraw//Argula vo〔n〕grun/bach geborne //von Stauf//fen.//〈Augsburg: Philipp Ulhart d. Ä. 1523〉3Bl., TE, 4º なお、翻訳にあたって以下を参考にした。Matheson, Peter, Argula von Grumbach. A Woman's Voice in the Reformation, Edinburgh 1995, pp. 117-122; Matheson, Peter（ed.）, Arugula von Grumbach: Shriften, Heidelberg, 2010, pp. 94-100.

そこで、このたびその私が書いたもの［インゴルシュタット大学宛ての書簡］の一部を、みなさんにお送りすることにいたしました。わが身を守りたいという個人的な思いからではありません。ひとえに、私が書いたもののために中傷されかねない人たちのためにです。みなさんにこれを読んでいただきたいのです。
　神の霊が私たちの教師として振る舞い、疑いの余地なく正しい裁きを下されることを願っています。私はそれを待ちましょう。イザヤ書30章に「神は裁きの主である。彼を待つものはすべて祝福されよ」とあるからです。パウロがエフェソの信徒への手紙4章に書いているように、「キリストは、あらゆる節々が互いに組み合わさっている体の頭」であります。私たちすべての者の唯一の頭(かしら)であるキリストの一員として、私はみなさんに正しい裁きを下されることを要求し、勧告いたします。
　さて、「体は一つ、霊は一つ、主は一人、信仰は一つ、洗礼は一つ、すべてのものの父である神は唯一であって、すべてのものの上にある」とエフェソの信徒への手紙4章の冒頭で述べられているように、私たちは洗礼を通して神に組み込まれています。みなさんが洗礼のとき、誓ったことをいま思い起こしてください。「私は信じます。そして、悪魔の虚飾と幻想の一切を放棄します」と誓ったはずです。私たちが能う限り神の存在を信じ、神を信頼するなら、すなわち私たちが神に告白するなら（そして、神が私たちにそのための能力を与えられるとしたら）、そのとき、マタイによる福音書10章にあるように、神もまた私たちに告白することでしょう。ゆえに、キリスト者であることは、神の御言葉を非難する者たちに私たちができるかぎり抗うことを意味することでもあるのです。武器をもってではなく、神の御言葉をもって。なぜなら、パウロがエフェソの信徒への手紙4章で「とりわけ、互いに、平和と愛を保ち続けなさい」と述べていますから。
　神について長年研究し続けてきたことをもって、自分の誓いがこの私のそれよりも価値があると言い張る神学者とは、いったいどんな神学者なのでしょうか？　神の霊はそんな神学者だけでなく私にも同様に注がれているのです。ヨエル書2章で神はおっしゃっているではありませんか。「わたしはすべての人にわたしの霊を注ぐ。そして、あなたがたの息子や娘たちは預言す

る[1]」と。

　ある者たちが怒りをあらわにして、私の命を奪うにはいかなる方法がいちばんよいかなどと話しているのを聞いたことがあります。しかし、神に与えられた力でないかぎり、私を傷つけることなどできますまい。神が、その御名によって私の安全を保ってくださいますから。パウロは、コリントの信徒への手紙二の4章で「わたしたちは主の御名のもとで受けるあらゆる苦しみに不平は言いません」と語っています。また、詩編3編には「わたしは多くのことを恐れません」とあり、イザヤ書30章には「一人の人が千人を震えさせる」とあります。イザヤ書43章には「彼らを恐れるな。わたしはあなたとともにいて、わたしなしでは救いはないのだから」、またイザヤ書51章には「わたしはあなたをなぐさめるもの。あなたは、なぜ恐れるのか。草のような死ぬべき者を」とあります。聖書のなかの主のこうした御言葉に耳を傾けてください。

　ヨハネによる福音書9章に「ユダヤ人たちはすでに話し合っていた。そして、キリストに告白する者はだれをも教会から破門し、追い出すことに同意していた」とあります。悲しいことに、みなさんの学者たちは、まさにそれと同じことをしたのです。ゼーホーファに誓いの言葉を言わせて、聖なるキリスト者の教会を、神の目を意識することなくその面目をつぶしてきたローマ教会に置き換えることを示したことによって。彼ら学者たちは圧力をもってことなきを得てきました。それは彼らが執拗に主張して、わが君公たちにそのような暴力[2]を行使せしめたことによるのでありましょう。「私たちのこの律法によれば、彼は死を免れない」とユダヤ人たちはピラトに言いましたが[3]、彼ら学者たちもそれと同様なことを公言するのです。

1）元来、聖書の賜物は、預言者などの少数の人々に限られていたが、神の救いがイスラエルに成就する時、その時には、年齢、性、身分などの区別なく聖霊がすべてのイスラエルの上にそそがれる。その結果としてみなが預言をし、幻を見ることができると解釈されている。

2）ゼーホーファに対する暴力を指す。彼は3度投獄され、司教に身柄を引き渡されれば火刑に処せられるところだった。

3）イエスが死刑とされる前に、ローマ総督ポンティオ・ピラトが、強盗のバラバかイエスのいずれかに恩赦を与えようとした時、ユダヤ人たちは「神の子と自称したイエ

彼らがいますぐ私を亡き者にせねばならないのだとしたら、それによって彼らが何を得ようとしているのか知りたいものです。おそらく、彼らは自分たちが法的な責任を免れるものと信じており、私を裁いて処刑する権限をひそかに手に入れたいのでありましょう。それが彼らにとって好都合なことですから。そしてこの町で、キリスト者に神の御名において殉教者が出たとしたら、それは、まさにエルサレムで起きたことと同様なことを、彼らが引き起こしたことになるようにも思えます。そうなれば、私は神の御心におすがりするでしょう。

　しかし、彼ら学者たちによって神について教え導かれてきたみなさんが、同じ罰を私に強いたりはなさらないことを祈ります。なぜなら、私たちはすべてを見放さなければならないからです。マタイによる福音書10章で主が「父、母、兄弟、姉妹、子どもたち、世のよきもの、命あるもの、これらを見放さない者は、わたしにふさわしくない」と語られるように。たとえ、私が死んでしまっても、神の御言葉は決して拭い去ることはできません。それは永遠にとどまるものであるからです。

　もし私が、神の御名のために、死という恵みを与えられれば、それによって多くの女性たちの心を目覚めさせることができると確信しています。そうです。私は自分自身の考えを書いてきたのですが、こんどは100人の女性たちが私に続いて、彼らに立ち向かう文章を書くことになりましょう。私よりも有能で、私よりも聖書をよく理解している女性たちがたくさんいるのですから。そうなれば、彼女たちは、「女性のための学派」と称されることになるかもしれません。ニコデモ[4]がそうであったように、キリストに告白することを恐れてはいても、彼女たちの多くが本当は神の隠れた弟子であるとい

　　スは死罪に当たるとした。
4）ヨハネによる福音書にだけ登場する人物。ファリサイ派に属し、ユダヤ人の指導者であり教師。イエスの人格と教えに引きつけられたが、それがファリサイ派の仲間たちに知られるのを恐れていたようである。後にイエスを罪に定めようとしたファリサイ派の人々に対して、まずイエス本人から事情を聴くべきだと訴えた。イエスが十字架にかけられた時には、彼はすでにイエスを救い主として受け入れていた。イエスが死んだ後、アリマタヤのヨセフとともにローマ総督ピラトのもとへ赴いて遺体を引き取り、墓に埋葬した。

うことに、私は疑いをもっていません。しかしながら、それだけでは十分ではありません。マタイによる福音書10章にもあるように、キリストを思うことと公衆の前でキリストに告白することとは同じではないのですから。私たちは、公に告白しなければなりません。神が彼女たちに勇敢なる魂を与えてくださいますよう、切に祈ります。

　どうか私について取り沙汰されてきたことをもって、私を中傷なさいませぬよう。私は、彼らの迫害など意に介しておりません。聖なる福音のために罵られることは、わたしにとって喜びであります。神は彼ら学者たちをお許しになるでしょうが、彼らは自分自身のしていることがわかっていないのです。私は、神が彼らを強くしてくださることを心から祈り、また、みなさんは彼らと心が頑なな者たちのためにお祈りくださいますように。

　イザヤ書30章で、「これらの民は神を怒らせる。というのは、彼らは神の言葉を聞かず、先見者たちに『見るな』と言う」と神が言われているのをお聞きください。そして、エレミヤ書10章に「羊飼いたちは、愚かなふるまいをし、彼らは主を求めない。だから、彼らは何も理解せず、彼らの群れのすべては破壊される」、同じく23章に「あなたがたは生ける神の言葉を曲解してきたし重荷を負わせてきた。そして、あなたがたに決して取り去ることのできないはずかしめを与えよう」とあります。

　また、使徒言行録15章で、ペトロは［エルサレムの使徒会議の場で］「あなたがたは、先祖もわたしたちも負い切れなかった重荷を、あえて、わたしたちに与えようとするのです。しかし、わたしたちは、わたしたちの先祖が信じたように、神の恵みを通して救われると信じています」と述べています。ほかにも神はこのように言っておられます。エレミヤ書23章で「説教者たちや預言者たちの言葉を聞いてはならない。彼らはあなたがたを惑わし、神の口からではなく、彼ら自身の思いからの幻を語るのである」と。そして、エレミヤ書50章で「わたしの民は道に迷った一つの群れである。彼らの羊飼いたちは彼らを迷わせる」と。ですから、そのような説教とは関わらないほうがよいのであります。マタイによる福音書7章と13章では、質の悪いパン種というたとえや、少ないイーストの粉が多くのパン種をだめにしてしまうというたとえに託して、キリストは、ファリサイ派の教えに気をつける

よう私たちに警告しておられます。それと同じように、小さくても誤った教えには害があり、多くの悪をも生じます。ですから、キリストのうちにある私の親友たちよ、兄弟姉妹たちよ、あなたがたが彼らとともに滅びることのないよう注意してください。神があなたがたに恵みを賜りますように。みなさまの体と魂に、よき名と善なることを授けられんことを神にお委ねいたします。私がみなさまのことを神に祈るように、どうかみなさまも私のことを神にお祈りくださいますように。

　1523 年、シモンとユダの夜に。グルムバッハ

アルギュラ・フォン・グルムバッハ
旧姓　フォン・シュタウフェン

ジーメルンのヨハン宛ての書簡
1523 年

* * *

　1523 年 12 月 1 日付の「ジーメルンのヨハン宛ての書簡」の翻訳である。

　ジーメルンのヨハン（プファルツ伯）は、パラティンの選帝侯フレデリックの代理で当時、ニュルンベルクに帝国政府の皇帝の代表として来ていた。そこで、アルギュラ・フォン・グルムバッハは彼にある会合で偶然、出会ったようである。彼女は、彼に腹蔵なく思うところを述べるように言われ、その言葉を受けて、いろいろ述べたようである。さらにその翌日、彼に送ったのがこの書簡である。

　ここでの彼女のメッセージは、ヨハンが一応、宗教改革者たちに反対しているが、しかし、じつは中立の立場であり、福音主義に関心をもって理解をしようとしているト判断したアルギュラが、この世の権力を恐れず、キリスト者として立ち上がってほしいということを伝える内容となっている。

　なお、本書簡は 1524 年と 1557 年のシュトラスブルクの二つの彼女の全集とは別に、単独で 3 回の増刷を重ねている。

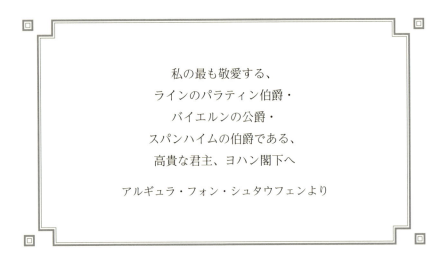

私の最も敬愛する、
ラインのパラティン伯爵・
バイエルンの公爵・
スパンハイムの伯爵である、
高貴な君主、ヨハン閣下へ

アルギュラ・フォン・シュタウフェンより

　神の恵みと平安と、聖霊の導きが、あなたさまのもとに、今もそして永遠に留まりますように。
　高貴で慈悲深い君主様、昨晩、私は閣下と他の貴族の方々の食事の席に招かれましたことを非常に感謝しております。その際、私はあなたさまのいくつかのご発言から、あなたさまが聖書を読み始めておられ、神の御言葉に光を見、神の御言葉をお認めになり始めたことを感じとりまして、そのことに少なからず喜んでおります。全能で慈悲深い神が、こうしてあなたさまに始められた御業が成し遂げられますように、そしてそれが実を結びますように祈ります。詩編30編[1]の御言葉に「命の泉はあなたにあり、あなたの光

---

*　本稿は、以下の翻訳である。Dem Durchleüchtigen Hochge//bornen Furster vnd herren/ Herr〔e〕n Jo=//hansen/Pfaltzgrauen bey Reyn/ //Hertzoge〔n〕zu Beyern / Grafen// zu Spanhaym etc.Mey=//nem Gnedigisten//Herren.//Argula Staufferin.//（Augsburg: Philipp Ulhart d. Ä. 1523?）3Bl., 4º なお、翻訳にあたって以下を参考にした。Ermanung an den// Durchleuchtigen hochge//bornen fürsten vnnd hern//herren Johannsen Pfaltz//graue〔n〕bey Reyn Hertzoge〔n〕//in Bayrn vnd Grauen zu//Spanhei etc. Das seyn//F. G. ob dem wort gottis halten wöll. Von einer//erbaren frawen vom//Adel sein〔n〕gnaden//zugeschickt.//Argula von Stauff.//（Bamberg: Georg Erlinger 1523）2Bl., TE（mit Jahreszahl）, 4º; Dem Durchleutigiste〔n〕//Hochgebornenn Fursten//vnd herren/Herr〔e〕n Jo=//hansen Pfaltzgrauen//bey Reyn/ Hertzogen//zu Beyern/Gra=//uen zu Span=//heym. etc. mey//nem Gnedi=//gisten herre〔n〕// Anno. M. C. xxiiij.//Argula Staufferin.//（Erfurt: Wolfgang Stürmer 1524）2Bl., T. E, 4º

に、わたしたちは光を見るゆえに」とありますように、神の御言葉だけがあなたを輝かせることができるのであって、人間の理解によって見つけようとしたり、追い求めたりすることは空しいことであることを完全に理解なさいますように。さらに詩編 118 編に「御言葉が開かれると、光が射し出で、無口な者にも理解を与えます」とありますが、これは、神は、私たちの知識を神に与えることを決して黙認されず、しかし、私たちには神から知識を得ることを望まれているということと理解できます。というのは、その知識は、他のいかなる方法でも決して求められず、見つけられることはないからです。私たちは、［神からの知識を］だれかに欲してはならないし、私たち自身の視点からなんとか説明しようと望んではならないのです。そして、神に私たち自身の利害を押しつけるのではなく、神を、神のみを求めるべきなのです。もし、私たちが私たちの利害に心を奪われていなければ、神は私たちにご自身をお示しになられることでしょう。さもなければ、私たちは決して神を見出すことはできますまい。ヨハネによる福音書 1 章で次のように述べられています。「これは真実の光で、すべての人々を照らすのである」と、そして、「世は彼を認めなかったが、しかし、彼を受け入れた者すべてに、彼は神の子どもになる力を与えた」と。

　主は次のように述べられます。「光のあるうちに光の中を歩みなさい」と。私は神の助けに伴われて、この御言葉が閣下の心に残ることを懇願いたします。マタイによる福音書 10 章に「人々の前でわたしに告白する者はだれでも、わたしもまた、天の父の前で、告白します」とあります。神は、告白しない者はだれであろうとも、決してお認めになりません。ですから、どうかこのたびの帝国議会で、上記文言を自由に、恐れずに、繰り返しお使いください。というのは、神は私たちとともにおられるのですから。詩編 11 編[2]には「貧しい者が打ちひしがれ、貧困者がうめくゆえに、わたしは立ち上がろう」と主は言われ、そして、「彼らの救いを準備しよう。そうすれば、人は彼らの反対者たちに自信を持って抵抗することができるから」とあ

---

1 ）原文ママ。「詩編 36 編」の誤りと思われる。
2 ）原文ママ。「詩編 12 編」の誤りと思われる。

ります。

　私たちは救われるという神の御言葉は今や明白であります。私たちは永遠なる神を誉め称えましょう。私たちはこの世の力を恐れることなく、必要なときはいつでもどこでも、その力の面前に、快活に、かつ堂々と進み出ようではありませんか。貧しい者が神の国から締め出されることのないように、また、あなたさまが私たちとともに滅びに終わることがないように、閣下御自ら助言と影響力を発揮なさいますように。

　私はこの勧告をもって、キリストにあって敬愛する友に私たちの一切を委ね、あなたさまを祝福せずにはいられません。

　1523年聖アンドリュースの日の後の火曜日に記す。

　　　　閣下の卑しい僕
　　　　　　　　　　　　　　　アルギュラ・フォン・グルムバッハ
　　　　　　　　　　　　　　　旧姓　フォン・シュタウフ

5 フリードリヒ賢公宛ての書簡
1523年

＊＊＊

　この「フリードリヒ賢公宛ての書簡」は1523年12月1日に書かれ、1524年にアウグスブルクのフィリップ・ウルハルトとエアフルトのヴォルフガング・シュトゥマーによって刊行されている。

　アルギュラ・フォン・グルムバッハは、フリードリヒ賢公がルターを支援しているのを知ったうえで、この書簡を書いたと考えられる。彼女は、貧しく苦しんでいる者たちのために、神の御言葉を説き明かそうとする説教者たちの擁護を、帝国議会において認めることを望んでいる。そして彼女は賢公に、救いはすぐそこにまで近づいているので、キリスト者として、臣民を守るという神から与えられた使命を喜びをもって果たすことを懇願している。なるほど、帝国議会での賢公の役割は、宗教改革の事柄の主なる支援者として、また、選帝侯として権威ある立場にあるゆえに、まちがいなく重要であったといえよう。政治権力の分析で使われている概念や言い回しにより、彼女は宗教的変革だけでなく、政治的な変革に期待しているようにも思われる。

　しかしまた、アルギュラという一女性がフリードリヒ賢公に宛てて書簡を出すこと自体、驚きであり、彼女の勇気と大胆さに、当時の人はどんなに圧倒されたことであろう。この世の権威——上位行政官の権威——に対して彼女のような考え方をもっていた人がいたことを知る貴重な史料であり、またさらに、この著作の刊行と同じ年に発行されたルターの『この世の権威について、人はどの程度までこれに対し服従の義務があるか』との関連をみる際にも有益な史料と考えられる。さらにルターの宗教改革運動の展開を知るうえでも、またルターの運動が農民戦争へ向かっている時期に書かれた史料としても、この書簡は重要なものと考えられる。

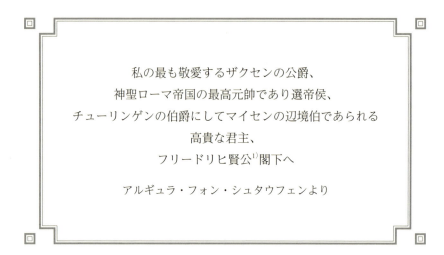

私の最も敬愛するザクセンの公爵、
神聖ローマ帝国の最高元帥であり選帝侯、
チューリンゲンの伯爵にしてマイセンの辺境伯であられる
高貴な君主、
フリードリヒ賢公[1]閣下へ

アルギュラ・フォン・シュタウフェンより

神の恵みと平安が選帝侯様とともに永遠にありますように——これは私の

---

* 本稿は、以下の翻訳である。Dem Durchleüchtigisten Hoch//gebornen Fürsten vnd herren/Herr〔e〕n Fri=//derichen Hertzogen zu Sachssen/Des//hayligen Römischen Reychs Ertz=//marschalck vnnd Churfürsten/ //Landtgrauen in Düringen/ //vnnd Marggrauen zu// Meyssen/〈Augsburg: Philipp Ulhart d. Ä. 1523〉3Bl., 4º なお、翻訳にあたって以下を参考にした。Matheson, Peter, Argula von Grumbach. A Woman's Voice in the Reformation, Edinburgh 1995, pp. 129-134; Matheson, Peter（ed.）, Arugula von Grumbach: Shriften, Heidelberg, 2010, pp. 108-114.
1）フリードリヒ賢公（Friedrich der Weise: 1463-1525）は宗教改革時代のドイツのザクセン選帝侯（在位：1486-1525）である。エルネスト系の出でヴェッティン家のアルブレヒトと共同でザクセンを統治し、弟ヨハン1世（賢忍公）とともに選帝侯領を治めた。敬虔と賢明をもって知られた。1502年ヴィッテンベルク大学を創設、のちにルター、メランヒトンらによって宗教改革の中心となった。デューラーや領内に定住したクラナッハを重用し芸術的な貢献もした。皇帝マクシミリアン1世に仕え、皇帝に推挙されたが辞退し、マクシミリアンの孫を推して皇帝カール5世を誕生させた。忠実なカトリック信徒で長年ヴィッテンベルクで聖遺物の収集をし、それによる贖宥は城教会と大学の財政を助けた。しかし、ローマの経済に吸い取られる贖宥には反対で、宮廷牧師シュパラティーンの助けもあって宗教改革を起こしたルターを保護し、その係争がドイツ国内で取りあげられて、彼の身の安全が図られるようにした。ルターが追放刑で法の保護外におかれると、自分の居城ヴァルトブルクにルターをかくまって保護し、実際的に宗教改革を可能にするため大きな力となった。直接的な交流はなく、ルターとの連絡はシュパラティーンによってなされた。農民戦争の最中に病没したが、臨終に際してはじめて二種陪餐を受け、ルター派に改宗した。葬儀にはルターが説教した。

心からの願いでございます。

　最も敬虔なる君公様、このたび私は筆をとらざるをえなくなりました。なぜなら、私はこれまで召集されてきた帝国議会に望みを託してきたからです。今、異教徒の司祭たちは、貧しさに苦しむ者たちに神の御言葉を宣べ伝えようとする者からその機会を奪い、キリストをいま一度迫害し苦しめております。その司祭たちの嘆かわしい行為を終わらせて、再び神の御言葉が聴かれるようになるために、私は全能なる神が議会においてその議事進行を導き、そして議会に参加する者すべてが恵みと知恵と勇気を賜ってそれに臨むことを信じる者であります。

　閣下が神の助けに支えられ、確かな神の御言葉によってお気持ちを堅固に保たれんことを願います。というのは、このことこそ真に正しきことでありますゆえに。マタイによる福音書10章からわかるように、私たちは常に、神を公けに示す用意をしなければなりません。神に敬意を払われながら、これまで示してこられたように、閣下はしっかりとしたご意志をもっておられます。その閣下が、キリスト者としての自信を堅くもって、彼ら異教徒の司祭たちに臆せず立ち向かわれることを希望し、神に祈ります。神はイザヤ書51章で「わたしこそ、あなたがたを慰めるもの。単に死ぬべき者をなぜ、あなたは恐れるのか？」と述べておられます。イザヤ書28章や詩編11編[2)]にありますように、彼らは無力な者たちです。「わたしは救いを人々にもたらす。それで、彼らは彼らの反対者たちに自信を持って、抵抗することができる」とありますように。私たちはすでにこの救いを見ています。そして、私たちは神を誉め称え、全力で立ち向かっていけるのです。

　閣下、彼ら異教徒の司祭たちに好きなだけ嵐を起こさせ、激怒させてください。彼らには力がありません。岩が彼らにあたり、そして彼らは大地に投げ出されることでしょう。それは彼らにとってその落とし穴となるのです。しかし、信じる者にとってその岩は、「わたしは選ばれた尊いかなめ石をシオンにおく。これを信じる者は、決して、失望しない」と、ペトロの手紙二の2章で言われていますように、よみがえりと大きな価値のある石になる[3)]

---

　2)「イザヤ書29章（20節）や詩編12編（6節）」の誤りと思われる。

ことでしょう。他方、愚かな彼らは失望をするのです。というのは、彼らはまったく何も語ることも、書くこともできないからです。

　彼らがキリストに逆らって歯軋りしても、閣下は決して意に介しませぬように。それは彼らがすべての力を奪われてしまったからなのです。詩編139編[4]に「彼らは舌を蛇のように鋭くしている」とあります。しかし、彼らのふざけた行為は子どもたちが遊戯で使う矢のように害のないものです。同じように、イザヤ書8章にはこうあります。「あなたがたは武器と人とを集めなさい、しかし、おののきなさい。諸国の民よ、聞きなさい。あなたがたは武装しなさい、しかし、おののきなさい。あなたがたは戦闘で自分を守ってもよい、しかし、おののきなさい。戦略を練りなさい、完全に論駁するように。あなたの意見をとうとうと論じなさい、それは失敗に終わるであろう。神はわたしたちとともにおられるから」と。

　閣下は、彼らが完全な権威をもって神々のようにふるまっても、神は彼らを寛大さをもって許してくださったことを考慮なさいますように。彼らが自分の権威を忌み嫌って以来、いかに多く神が彼らを女性に支配させてきたことか[5]。ですから、閣下が神の御言葉から彼らに語ってくださいますように。背後に権力をもって、敢然と抗して彼らの前に立たれますように。というのは、エレミヤ書1章で述べられていますように、閣下には、そのなべがすでに煮えたぎっているのが見えているはずですから。そして、夜中に神に向きあっている彼らにはそれを消す力がないのですから。

　私は昨晩、ヨハン公[6]ともお話しました。もし、他の君公たちが私の話を

3）復活とかなめ石になるということで、イエス・キリストを表わしている。
4）「詩編140編（4節）」の誤りと思われる。
5）旧約聖書イザヤ書のユダとエルサレムの審判にある。イザヤはこの預言の中で、神ではなく誤った指導者により頼む民族はその指導者が取り去られる時、まったく困惑してしまうことを説いている。「女性」というのは、金をとりたてる者という意味。
6）ヨハン1世（Johann I: 1468-1532）。宗教改革支持に慎重だった兄フリードリヒ賢公の跡を継いで農民戦争の最中に選帝侯となった。ルターの訴えもあって教会巡察を開始し、宗教改革の教会の組織化を進め、領邦君主制教会への道を開いた。ルターの信仰指導のもとで1530年アウグスブルク国会の際の信仰告白起草・提出に指導的な役割を果たし、この署名者のひとりとなった。プロテスタント諸侯の同盟としてのシュマルカルデン同盟の成立（1531年）にも大きく貢献した。

聞くためにおられましたら、喜んでたくさんのお話をしたでしょうに。お望みなら、私はいつでも、恐れずに彼らと顔と顔を突き合わせてお会いしたいと思います。神はそのことを喜ばれるでしょうから。願わくは、閣下が健やかであられ、神の摂理によって閣下の庇護のもと、ご領土内において神の御言葉がくまなく宣べ伝えられ、人々が再びキリストをしっかりと受け止め、そのことによって一人ひとりの魂が救われますように。全能なる神の祝福が、閣下のもとに今も、そして永遠にありますように。アーメン。

　1523年聖アンドリュースの主日の後の火曜日。

　　　　選帝侯の卑しい僕である
　　　　　　　　　　　　　　　アルギュラ・フォン・グルムバッハ
　　　　　　　　　　　　　　　旧姓フォン・シュタウフ

6 アダム・フォン・テーリング宛ての書簡
1523年

* * *

　この書簡は、1523年終わりに書かれたとみられる「アダム・フォン・テーリング宛ての書簡」である。

　この書簡によって、アルギュラ・フォン・グルムバッハ自身の親戚など周りが彼女の言動に対していかに反対していたか、また困惑していたのかがわかる。この問題に対して、彼女が自分のことを弁明するために、親戚を代表する従兄のアダム・フォン・テーリングに宛てて書いたものである。教会からも国家からも一族からも反対されている彼女の窮状とともに、彼女の堅い信仰心と使命感がうかがえる書簡である。また、説教壇や裁判所や、市の役所などの公共の機関から閉め出された彼女であるが、印刷物という新しいメディアを用いて、彼女が人々に真の福音を呼びかけたということがわかる。

　注目すべき点は、アルギュラはここでルターに従う者とされているが、自分もルターもキリストに従う者であることを明言していることである。また、彼女の夫がカトリック教徒であり、彼女を圧迫していることも伝えている。

　なお、前出「ジーメルンのヨハン宛ての書簡」と同様に、1524年と1557年のシュトラスブルクの全集とは別にして、単独で、アウグスブルクのフィリップ・ウルハルトから、おそらく1523年の終わりに、1版だけが発行されている。

56　［第1部：翻訳編］アルギュラ・フォン・グルムバッハの主張：パンフレットと書簡から

　　　　　　私の尊敬すべき主人、
　　　ノイブルクのパラティンの行政官である
　　高貴で敬愛すべきアダム・フォン・テーリングへ
　　　　　　私の敬愛する従兄さまへ

　神の恵みと平安と聖霊が私の愛する従兄である閣下とともにありますように。

　インゴルシュタット大学へ宛てた私の書簡についてお知りになり、あなたさまが私についてかなりお怒りになっておられるとうかがいました。おそらくあなたさまは、不相応なことをした愚かな女と思ったにちがいありません。もちろん、そのことを私は十分理解しているつもりです。しかしながら、神に告白するために必要な知恵は、人間の理性からではなく、神の賜物として認められるものです。しかし、このたびのことが、私の不面目と恥とあざけりとを生み、巷間、悪意のある語り草になっています。また、これからさらにエスカレートしていくかもしれません。

＊　本稿は、以下の翻訳である。An denEdlen//vnd gestrengen her //ren/ Adam vo〔n〕Thering// der Pfaltzgrauen stat//halter zu Newburg// etc. Ain sandtbriff//vo〔n〕fraw Argula// vo〔n〕Grunbach//geborne vo〔n〕Stauf=//en. 5Bl., TE, 4º (Augsburg: Philipp Ulhart d. Ä. 1523)

あなたさまは、私の家族と親しい間柄にあるからこそ、またこのことに注意を払っておられるのでしょう。私は、このことから、閣下がご自身のご家族の親しき友のように私を愛してくださっていることを理解しました。そして、私は心から感謝しております。というのは、もしあなたさまが私に好意をもっておられなかったら、あなたさまは私についての噂など——たとえそれが、よいものであろうと悪いものであろうと——気にもとめなかったでしょうから。また、私へのあなたさまの友情が確かなものと判断して、私はこのたびの問題の真実について、あなたさまのご理解の一助としていただくために手紙をしたためようと思った次第です。ですから、私は、あなたさまに、私が書いてきたものの写しを送るつもりです。どうか、あなたさまが聖霊によって、この手紙を忠実にお読みくださり、私についてご判断くださることを切望いたします。

　ホセア書4章が示しているとおり、この世の知恵では神の霊を把握することはできません。「わたしは彼らの栄光を恥に変える」とありますように、人間の本質に良きものは何もなく、私たちの内なる本質は、罪なのであります。パウロがコリントの信徒への手紙一の3章に記しているように、「人間の知恵は神には愚かなものです」。

　もし私が誤った行いをしたのであれば、もちろん私は喜んでその罰に耐えましょう。しかし、あなたさまは私を批判しようとお考えにならないでください。というのは、神が私たちに命じてこられたことを実行することを、だれも批判すべきではないからです。そしてまた、私はまったく、だれに強制されたわけでもありません。私は神の存在を信じ、そして神に信仰を告白し、悪魔とすべての幻影とを否認することを、洗礼において誓ったからです。私は、死を通して新たに生まれ変わるまでは、そのような高尚な誓いの完成という希望を決してもつことができないのです。というのは、私たちは肉において生きている間は罪人なのですから。箴言20章に「だれが、わたしの心が純粋で、わたしは罪がない者だといえようか？」とあります。そして、エレミヤ書17章では「人間に信頼する者はのろわれよ。しかし、神に信頼する者は祝福されよ」とあります。

　さてご存知のように、私たちは「私は信じます」とか、「私は捨てること

を宣誓します」などと誓いを立てます。いったい、どの学者の、洗礼の際の誓いが、私の誓いよりも偉大だというのでしょうか？ また、いかなる教皇の、皇帝の、あるいは君主の立てた誓いが私の立てた誓いよりも偉大だというのでしょうか？ 私は神に、私の代父が私のためになされた誓いが実現できるように、日々祈っています。キリスト信者の信仰に導かれてきたこの恵みを理解できるようになった今、私はその恵みをしっかりと受け入れています。そして、それは信仰によって、ますます確かなものになっています。

　だから、私の敬愛する従兄さま、私が神に告白することを驚かれませぬように。なぜなら、どれほど多くの者が洗礼を受けても、神に告白しなければだれもキリスト者ではないのですから。各人は、最後の審判において、自分自身について説明をしなければなりません。教皇も、王も、君主も、博士も私と和解したくないのです。私はそのことを、心に留めております。

　エゼキエル書 7 章に「彼らの銀も金も、主の怒りの日には、彼らを救うことはない」、「彼らがおびえているとき、彼らは平安を求めるが、それを見つけることはない」とあるように、またホセア書 8 章に「彼らは風の中で蒔き、嵐の中で刈り取る」とあるように、富はなんの助けにもなりません。それが、富に頼り、その富に仕える者の運命なのです。

　私の敬愛する従兄さま、キリストに告白することで、私が虐待されたり、あざ笑われたりしているとお聞きになっても、どうかご立腹になりませぬように願います。ただ、私がキリストを否定したとお聞きになられましたら、警戒してください（ああ、どうか、神が守ってくださいますように）。私は神の名誉のために虐待されることを非常に光栄なことと思っております。そして、人間の知恵に信頼したために、神を辱め、ごまかし、冒瀆するなど、つまらないことです。イザヤ書 40 章に「肉のすべては、草であり、その評判はしおれた花のよう。しかし、神の言葉は、永遠に残る」とあります。私はパウロがガラテヤの信徒への手紙 1 章で言っている「もし、私が人に気に入られようとし続けるなら、私は主の僕ではありません」という言葉を告げましょう。神は、ホセア書 13 章で「わたしのほかに神を認めてはならないし、また、わたしのほかに救い主はいない」と、またヨハネによる福音書 2 章では「わたしを侮り、わたしの言葉を拒否する者は、その人を裁く者をも

つことに気付くであろう」と言っておられます。

　私たちが神を認めることを妨げているのは、私たちの説教者たちなのであります。主は、エレミヤ書50章で「わたしの民は、羊のように道に迷う。彼らの羊飼いたちは彼らを道に迷わせる」と言われ、そして、エレミヤ書6章で「神の言葉は彼らには侮りの対象になり、彼らはそれを受け入れようとしない」と言われます。また、エレミヤ書10章では「羊飼いたちは愚かになる。彼らは主を求めようとしない。それで彼らは何も理解せず、彼らの群れはすべて散らされる」と、そしてエレミヤ書23章では「あなたがたは生ける神の言葉を曲解し、重荷を押し付けてきた。だから、わたしはあなたがたに、決して取り去ることができない永遠なる恥とはずかしめを与えよう」とも言われるのです。そして、パウロがテモテへの手紙二の4章で「人々は教師たちを寄せ集めようとしますが、人々は、その教師が話している内容もわからず作り話にそれていくようになります」と述べていますように、私たちの忠実な羊飼いたるキリストが、これまでどれほど誤った預言や彼らの教えに注意するよう、私たちに警告してきたことでしょう。マタイによる福音書7章や13章でたとえられているように、主はそれを酸っぱいパン生地と呼び、それはわずかな量でたくさんのパン種を発酵させることができるとしています。

　マタイによる福音書17章には、キリストが変容[1]なさるとき、「これはわたしの愛する子、わたしの心にかなう者である。これに聞きなさい[2]」との声がしたとあり、イザヤ書42章には「わたしの栄光を他（の神）に渡す[3]」、そして、ヨハネによる福音書1章には「彼を受け入れた人に、彼は神の子である資格を与えた」とあります。私はルターに従う者の一人といわ

1）有名なイエスの変容。イエスの姿が弟子たち三人の目の前で神々しく光り輝いたとされる。物語の場面は"高い山"となっているが、これは実際の山ではなく、天上界と地上界の入り合う接点で神の啓示が新たに与えられる舞台となっていると解釈される。ここでイエスが「神の子」であることがはっきりと提示されている。
2）天の声である。イエスが洗礼を受けた時のものと同じであり、神から「神の子」であることと、救い主としての使命が与えられた、その再確認としての言葉。
3）この箇所は、アルギュラによる引用が不正確だったものと思われる。正しくは、「わたしは、栄光を他の神に渡さない」。

れていますが、私はそうではありません。私はキリストの名で、洗礼を受けました。私が告白したのはキリストであり、ルターではありません。しかし、マルティンもまた、忠実なキリスト者として、神に信仰告白をする者です。不面目を被っても、虐待を受けても、馬車に轢かれて死に直面しても、信仰を否定しない私たちを、神は助けてくださいます。神はすべてのキリスト者をお助けになり、救ってくださいます。アーメン。

　私の夫が私を監禁しようとしてもできないのであれば、親戚の立場にある者がそれを実行すべきだと言われていることを、あなたさまが知らされていると聞きました。しかし、夫を信じてはいけません。ああ、彼は私のなかのキリストを非常に苦しめています。コリントの信徒への手紙二の４章で、パウロは、主の御名のために、不平も言わずすべてのことに耐えるべきことを語っています。それは私にとっては決して難しいことではありません。今回の問題でいえば、私は私の夫に従うべきではないのです。神もマタイによる福音書10章やマルコによる福音書８章で告げておられます。「わたしたちは、父、母、兄弟、姉妹、子ども、命、を見放さなければならない」と。そして「人はたとえ全世界を手に入れても、自分の命を失ったら、なんの得があろうか？」と。

　そうした事情から、仕方がないのです。しかし彼は私たちに告白したくないのです、と神は言われます。しかも友情、名誉、財産、生命を捨てることは、肉に頼らないことです。私たちは主とともに死ぬことを約束いたしましょう。しかし、そうはいっても私は弱いのです。三度主を否定した聖ペトロと同じように。神は、その弱さこそ、人間であることを意味しているのだとペトロにわからせて、彼を赦したのでした。そして最後に神はペトロに聖霊をお与えになり、彼は主のために喜んで（福音を告げ知らせるために）進んでいったのです。神がお与えになるのは肉体ではなく聖霊です。マタイによる福音書７章で主がおっしゃっているのは、「神に良き精神を求める者にはみな、父はそれを与えられる」ということなのです。

　こうしたことをまるで心にとどめない権威者たちに同情することなど、私にはとてもできません。聖書の熟読に取りかかり、そこに確かな神の命令を発見しようと努めている聖職者や世俗の権威者に、私はお目にかかったこと

がありません。それどころか、彼らは聖書のなかにあるすべての知識や原理に背を向けて、それをののしったり、否定したり、憤ったりしています。しかもそのようなキリスト者らしからぬ態度を誰も弾劾しようとしないのです。

　どんなキリスト者がこんな状態に沈黙を守っていられるのでしょうか？神が語ってこられたことを彼らに伝えてみたところで、それは彼らにとって愚か者や嫌われ者の語ることほどにも意味のないことなのです。彼らに聖書をわからせることは、牛にチェスをわからせるようなものです。一方、彼らが自分の"家畜"からいかなるしっぺ返しを食らうかについては、私の与り知るところではありません。私は「私の良心が信じたものを信じる」だけのことであり、それ以外の意図などないからです。とはいえ、キリスト信者には神の御言葉を知る責任があります。パウロは、信仰は聞くことから生まれてくると言っています。君主たちや多くの貴族たちもその責任をもつことに変わりはありません。

　私はこんな言葉を聞きました。「私の母と父が地獄にいるなら、私は天国に行きたくない。絶対に！」。もし私の友人のすべてが（そんなことがあってはたまりませんが）私を受け入れなかったらと考えるとぞっとします。彼ら［世俗の権威者］の子どもたちが学校で教わっているのはテレンスとオウディウス[4]の文学であるにしても、それ以外のことを教わっていないのだとすれば、それは親たちの過ちです。すなわち、テレンスとオウディウス以外教わっていないという理由で。しかし、そういう本には何が書かれているというのでしょうか。愛し方は、男の恋人や売春婦の恋愛術にあるということでしょうか。社会のどのレヴェルにあっても、結婚するかしないかは自由であり、それを恥ずかしがるより、むしろ自慢するような人々でいっぱいです。悲しいことに、売春婦たちや彼らの両親たちは、結婚するよりも、むしろ、

---

4) このたとえはコリントの信徒への手紙一の5章6節のものと考えられる。オウディウス（Publius Ovidius Naso: 43-17 BC）もテレンス（Publius Terentius Afer: 195/185-159 BC）もローマの劇作家、詩人。とくにオウディウスは『恋愛歌』で一躍有名となり、その後も流暢で、かつ機知に富み、神話を取り扱っても新解釈を加えた作品を生んで、ローマ社交界に知られた。しかし、当時から作品があまりに官能的であるとの批判もあり、皇帝アウグストゥスによって罪に問われ黒海沿岸の町に追放され、その地で没した。

互いに貞節を尽くす段階に来たということです。

　このことは、たしかに、コリントの信徒への手紙一の5章にある次のような聖パウロの言葉に適っています。「あなたがたの間にみだらな行いがあり、それは、異邦人の間にもないほどのみだらな行いです」。このことから、泣き言や、けんかや、戦いや暴力が生じます。昼も夜も平穏はありません。繁栄と道徳的重圧。一人の女性が何を行っても、それはしばしば、思いがけない惨事を彼女にもたらすでしょうが、もうほかに道はありません。どうか、神が繁栄と道徳的重圧に対して闘っている者すべてをお守りくださり、倒れた人々が再び起き上がれるよう助けてくださいますように。みなが見えなくなった目をこのことに向けますように。そのときに、だれかがそのことについて、友人たちに不平を言ったら、笑われるでしょう。批判することはしてはなりません。権威ある者たちは、一巻きの同じ布から切りとられた者たちです。

　私は召集された帝国議会について、あまり興味はありませんし期待もしておりません。どうか、神が聖霊を送られて真実をご覧になり、彼らにその真実を認めさせてくださいますように。この帝国議会にはその名にふさわしい価値があるのですから。そうすれば、私たちは精神も肉体も豊かになることでしょう。すべての者が、真のキリスト教の信仰に支配され、人々の富が決して浪費されず、私たちがさらに貧しくなりませんように。食べること、飲むこと、ご馳走を楽しむこと、それにギャンブルや仮面劇、そういった類のものと同様に神の御言葉に十分な関心が払われるなら、物事はたちまち改善するでしょう……。私が記憶しているだけでどれほど多額のお金が、その帝国議会で浪費されていることか！　いったい、なんのために使われているのでしょう？　あなたさまは私よりもよくご存知です。日夜貪り食うことに忙しく、正面を向いて座っていられない彼らに、はたしてどんな熟考が可能なのでしょうか？

　私はニュルンベルクでそれをすべて目のあたりにしました。君主たちの子どもじみた態度は、私が生きているかぎり忘れることはありますまい。しかし、ああ、主はなぜ言われたのでしょう。「あなたの財産管理について説明しなさい。これからは、あなたは財産管理人である必要はない」と。そし

て、ホセア書 8 章で神はなぜ言われたのでしょう。「彼らは支配した。しかし私のたっての頼みではなかった。彼らは君主たちだった。しかし、私は彼らをそのような者たちとして認めてはいない」と。神が問題を正してくださいますように。彼らの輝かしきすべての事柄が、ファラオのような運命を辿らないよう祈ります。君主たちが熟考して、神の御言葉をわがものとすることができますように。それは……神の御言葉が彼らに従うべきというのではなく、彼らが神の確かで不変の御言葉に従うべく理解しますように……という意味において。

　敬愛する従兄さま、私はあなたさまに、聖なる聖書に身を捧げる一人の友として懇願します。あなたさまは、長きにわたって、君主たちの顧問でありました。あなたさまは、今こそ、ご自身の不品行な魂について、よくお考えにならねばなりません。せめて、生きておられるうちに四福音書をお読みになられんことを！　もちろん、あなたさまが神の命令のすべてを含んでいる聖書の全体をお読みになれば、それに越したことはありません。ルターは決して人に自分が著した書物そのものを信じてもらいたいと望んでいるのではありません。ルターの書物は、単に神の御言葉への手引書として役立つものです。あなたさまは、ご自分の領地において、あまたの善きことをなさってこられたのですから……。もし、あなたさまが、敬虔で博学な説教者たちのポストをご用意なされば大変善いことだと思います。

　イザヤ書 55 章に「雨は、種をまく人に、食べ物と種を与え、大地を緑にする。同様に、わたしの口から出るわたしの言葉も、実りなしには、わたしの元に戻らない」とありますように、神の御言葉は、救いのすべてに働くのです。エレミヤ書 22 章には「わたしの言葉は火のようである。岩を打ち砕くハンマーのようである」とあります。私は、夫が今の職を解かれることになっていることを知っています。早くからそのことが私を圧迫していました。しかし、それは、ピラトの場合のように、私の救いを妨げることはありません。私はすべてを、命さえも、失う覚悟をしております。どうか、神が私を守ってくださいますように。私自身、罪を犯さざるをえません。神が私の信仰をさらに強くしてくださるよう、私のために神に心から祈ってください。たとえ、そのことが、私の目的の達成に資するためであっても、あなた

さまの不面目とみなすことなく、神をほめたたえてくださいますように。私の魂が主なる神に対して、価値ある宝石のようであるようにお恵みを与えてください。

　彼らが、私からとることができる財産はほとんどありません。あなたさまはご存知でしょう。私の父が、バイエルンの君主たちの下で没落せしめられ、その子どもたちは物乞い同然のくらしを余儀なくされたこと、しかし、私の夫は彼らから職を与えられ、私や私の子どもたちも厚遇されたことを。神が彼らに報いてくださいますように。ヴュルツブルクの説教者たちは私の夫の財産を使い果たしてきましたが、神はたしかに、空の鳥を養ったように、私の4人の子どもの面倒を見てくださり、そして、野原の花のように、子どもたちに衣を着せてくださることでしょう。神はそのことを言ってこられました。私は嘘をつくことはできない、と。

　私は自分で書いたものを公表せず、個人的なものにとどめておこうと思ってきました。しかし、このたび私は神が、それが公になることを望まれていることを理解しました。私が今、このことでののしられることは、それが神のものだということの証しです。逆に、もしそれが世間から称賛されたりしたら、それは神のものではないということを示しましょう。だから、私の敬愛する従兄さま、私はあなたさまに、今、そして永遠に、神の恵みを託します。そのことが、あなたとともに、今も、そして永遠にありますように。グルムバッハ。

アルギュラ・フォン・グルムバッハ
旧姓　フォン・シュタウフェン

7 レーゲンスブルクの人々宛ての書簡
1524年

* * *

「レーゲンスブルクの人々宛ての書簡」は、1524年6月29日付の印がある。

1518年のアウグスブルクの帝国議会において、教皇使節カエタンによるルターの審問が行われた（帝国議会は3種類の代表によって構成された。まず、7人の選帝侯、次に33人のドイツ諸侯と33人の外国諸侯、107人の貴族から代表1人と、50の司教区と76の修道院から代表1人の計68人、第三は85の帝国都市の代表であった。議会には騎士、農民、庶民の代表はいなかった）。

1521年1月、教皇レオ10世はルターに対して、正式に破門の勅令を発した。しかし、ルターへの直接の処置については、政治的な駆け引きが繰り広げられ、ザクセン選帝侯フリードリヒ賢公の考えが通ってルターの一方的な断罪ではなく帝国議会に喚問して、弁明を聞くことになった。

同年4月にルターは、ヴォルムス国会において「聖書の証言が明白な理由をもって服せしめられないかぎり自説を撤回しない」こと、「自分の良心は神の御言葉にとらえられていて、教皇も公会議も信じない」ことを明言した。これに対して国会は「ヴォルムス勅令」を発し、ルターから帝国内における一切の法的保証を剥奪し（帝国アハト刑）、その著作を禁書とし、彼の同調者に対しても同罪とすることになった。それに先立ち、レーゲンスブルクで帝国議会が開かれ、ルターに対してヴォルムスの勅令を行使することが議され、これに対してアルギュラ・フォン・グルムバッハが慌てて、抗議の書状を送ったものがこの書簡と考えられる。

なお、この書簡はニュルンベルクのハンス・ヘルゴットから1版だけ発行された、わずか、2頁のものである。

貴族の夫人である
アルギュラ・フォン・グルムバッハによる
レーゲンスブルクの人々への
公開書簡

私の友である、レーゲンスブルク市の
敬愛する、慎重かつ賢明なる
行政官と参事会へ

　キリストに結ばれた私の敬愛する兄弟たちに、神の恵みと平安が満ち溢れるほど広がりますように。

　私は最近、神の御言葉に背を向け、そしてサタンに率られてすさまじい勢いをもったひとつの命令がこの都市で公表されたと聞きました。それは、ペトロの手紙一の5章にある聖書箇所を思い起こさせます。「あなたがたは見張っていなさい。なぜか？　なぜなら、あなたがたの敵である悪魔が、ほえたける獅子のように、だれかを食い尽くそうと、探し回っているからです。あなたがたは、強い信仰をもって抵抗しなさい」。

　おお、神よ。

　あなたがたは逃げ遅れてはいけません。マタイによる福音書24章で主が言われるように、冬や安息日になってから逃げるようなことになってはなり

＊　本稿は、以下の翻訳である。Ein Sendbrieff der edeln// Frawen Argula Staufferin/ An die// von Regenßburg.//M. D. XXiiij. 2 Bl., 4º（Nürnberg: Hans Hergot 1524）

ません。そのためにも、あなたがたは、上で紹介したペトロの手紙のなかの言葉をどうか心にとどめおきくださいますように。主は私たちに、聖なる場所に腰を据えた憎むべき破壊者をしかと見るよう言われます。どうか、あなたがたは自らの目を見開いてください。まさにその時が来たのです。そして、それは、破壊者の何たるかが明らかとなる日なのです。教皇とその廷臣たちよ、すべての党派に属する者たちよ、あなたがたはその破壊者の権力下にあります。主があなたがたを助けに来てくださり、私たちすべてを光で照らしてくださいますように。というのは、聖書の同じ箇所で主は「主の到来は、空にあらわれて、世界の端から端まで光で照らす稲妻のようである」と言っておられるからです。聖書のこのくだりを、どうかよくお考えください。このくだりこそ、主が強く主張されておられるところなのですから。

　さらに、このようにしてあなたがたが、神に背を向けるよう説き伏せられた最初の帝国の都市になることに、私は心を痛めています。真実は、ただひとつだからです。なぜなら、神が詩編144編で「大いなる主、限りなく賛美される主、その力は終わることがない」と述べているように、神はすべての主なる者のなかの主であるからです。あるいは、申命記10章に「主は神々の中の神、主なる者の中の主、偉大にして、勇ましく畏るべき神である。そして、だれをも偏ってみない方である」と述べられているからです。

　そこに、私がキリストの一員としてあなたがたに向けて筆をとらざるをえなかった理由があります。私の理解力の不十分さをもって、私をそれに最もふさわしくない人物だとするのは公平ではありません。私は福音を恥としない者であります。福音に信頼する者には、神の力の支えがあるのです。キリスト者たろうとする身として私は、主がマタイによる福音書10章で、「だれでも人々の前で、自分をわたしの仲間であると言い表す者は、わたしも天の父の前で、その人をわたしの仲間であると言い表す。しかし、人々の前で、わたしを知らないと言う者は、わたしも天の父の前で、その人を知らないと言う」とお教えになるように、また、ローマの信徒への手紙10章で、「口でイエスは主であると言い表した者は、救われる……」と言われているように、神に告白しなければならないのです。

　貧しく、か弱い女であるこの私があなたがたに申し上げていることは、神

のことであるゆえ、どうかくれぐれも気を悪くなさりませぬように。世の慣習に照らせば、私があなたがたと同列であろうはずもありません。そのことはよくわきまえています。しかしながら、神は見下された者をこそ愛されます。そして、他人がどうであれ、私は自分のタラントンを埋めるようなこと[1]はしたくありません。エゼキエル書33章の次の御言葉は私たちすべてに向けられているものです。「もし、あなた［エゼキエル］が罪を犯した者をとがめないなら、わたし［神］はあなたの手に彼ら［悪人］の命を求める」。私にはあなたがたが誤っていることがわかります。また、世で賢いとされる多くの者たちが、このこと［女性であるグルムバッハがレーゲンスブルク市の行政官たちに意見すること］で私をあざ笑っていることを十分承知していますが、それでも私は、神の命令によってあなたがたに申し上げたいのです。「しかし、神は世の智恵を愚かなものにされた」と。これはコリントの信徒への手紙一の1章20節にある御言葉です。また、パウロはガラテヤの信徒への手紙1章で「もし、わたしが人に気に入られようとしているなら、わたしはキリストの僕(しもべ)ではありません」と言っています。私たちは自分の利益を求めるべきではなく、神の名誉と栄光を求めるべきなのです。パウロもエフェソの信徒への手紙4章でこう述べています。「わたしたちはもはや子どもであるべきではないのです。古く、誤った人間の智恵の教えによったり、風のように変わりやすい教えによったり、わたしたちに取り入ったり、そそのかしたりしようとする者たちの不正やずるさによったりすべきではないのです」と。

　おお、私の愛する兄弟たちよ、どうか、あなたがたをおさえつけようとす

1）「タラントン」のたとえはマタイによる福音書25章に出てくる。人はそれぞれ神から異なる賜物を委託されていて、それを活用するよう神は求めておられる。この聖書箇所では、預けられた資金を終末までどう用いるかがポイントとなっている。しばらく不在であった主人が帰ってくると清算の時となって、三人の僕たちは、その働きに応じて賞罰がくだされる。主人が帰ってすぐに着手する清算は終末の審きであり、怠けた者には滅びが宣告される。僕三人が預かる金額が異なるのは一人ひとりの賜物が異なるから。問題なのは第三の僕であり、彼は預かった元金を正確に返却したが、主人にしかられる。それは、彼が与えられた賜物を活かさなかったからである。そして彼は、主人の意志よりも自分の安全を優先させ、金を地に埋めて放置した。

るこの狼たちにお気をつけなさいませ。彼らはあなたがたのすぐ近くに身をかがめて潜んでいます。あなたがたが覆い隠された落とし穴に落ちて永遠に滅びることになりませぬように、神があなたがたを、空腹を満たそうとする者から守ってくださいますように。神はたしかにあなたがたに「めん鳥が雛を羽根の下に集めるように、わたしは何度あなたがたを集めようとしたことか。あなたがたはそれを断り、そしてそれから、神はあなたがたについて泣いた」と言っておられます。ルカによる福音書19章では「そして、あなたがたが、神が訪れてくださる日を認めたら、あなたがたはわたしと共に泣くでしょう」とあります。

　おお、私の愛する兄弟たちよ、神はあなたがたを見張り人に、監督者に任命なさっていることを心にとめてください。あなたがたに委ねられた魂が、銀や金によってではなく、主イエスの犠牲の赤い血によって、もたらされてきたことに留意してください。ペトロの手紙一の1章に、今や眠りから目覚め、私たちの目を主の上にとどめる時であることが記されています。これは、私たちの救いが、私たちが信仰に入った頃よりも近づいているということです。ローマの信徒への手紙13章には、古い慣習や伝統的方法によって堕落してはならないとあり、また、主はヨハネによる福音書14章で「わたしは道であり、真理であり、命である」と言っておられます。主は「わたしは慣習的なものである」とは言われません。エレミヤ書17章には「主よ、あなたを離れ去るものはみな、生ける水の源である主を捨て、それで、彼らははずかしめを受けるであろう」とあります。

　イザヤ書55章で、主が私たちに親しく呼びかけられていることに耳を傾けてください。「渇いている者はみな、ここに、水のあるところに来なさい。何も持たない者、銀も金もお金もなく買う者は来なさい」と。同様にヨハネによる福音書7章では「渇いている人はだれでも、わたしのところへ来なさい」と。主は私たちに人間の命令、あるいは教皇の命令に注意を向けさせることはなさっておりません。ヨハネによる福音書1章に「彼は彼を受け入れた人みなに、神の子になる資格を与えた。しかし、彼は自分のところに来たのに、彼の民は彼を認めなかった」とあります。神は今、それが別の方法であると認めているのです。

ですから、神の敵に対し、騎士のように戦いましょう。そして、唇の勢いをもって、彼らを死に至らせましょう。神の御言葉は私たちの武器になるにちがいありません。私たちは武力で攻撃してはならないのです。私たちの隣人を愛さなければならないのです。ヨハネによる福音書13章で主が述べているように、お互いに平和を保つ必要があるのです。主が「このことがわたしの掟として、あなたがたに与えるものである」と述べられているとおりです。イザヤ書33章で主は「わたしの口から出る言葉は、かならず、実を結ぶ」とも言われています。

　以上が、私があなたがたにどうしても書きたかった理由であり、今、あなたがたにぜひ［ルターに対するヴォルムス勅令の行使が議されたことへの抗議を］勧めてもらいたかったのです。今こそ、まさに石が私たちのなかで叫びだすときです。ルカによる福音書19章にありますように。たとえ私の愚かさゆえに、この勧告が直ちに退けられようとも、コリントの信徒への手紙一の4章でパウロが言っているように「わたしは、神が、わたしたちを世の滓のようであり、死に値し、また、世界中に見世物の鏡だと示していることを認め」ようとも……。

　どうか今、神があなたがたに慈悲深くありますように。そして神が神のご意志で問題を指導してくださいますように祈ります。

　1524年、ペトロとパウロの日、レンティングにて、とり急ぎ書きました。

アルギュラ・フォン・グルムバッハ
旧姓フォン・シュタウフ

8 ランツフートのヨハネスの非難とアルギュラの返答
1524年

* * *

「ランツフートのヨハネスの非難とアルギュラの返答」は、アルギュラ・フォン・グルムバッハによる著作のうち唯一、詩の形式のものになっている。注目すべきは、この詩を刊行した後、彼女が執筆活動をやめていることである。それゆえ、これは彼女の一連のパンフレットの集大成ともいえよう。

これはアルギュラの活動を非難する匿名者による挑戦文「シュタウフェンの女性の言葉と彼女の論争」と、それに対する彼女の返答「インゴルシュタット大学のある学生から寄せられた詩の形式からなる応答に対する詩のかたちでの返答」から構成されている（なお、原著はアルギュラの返答が先に掲載されている）。

1523年にインゴルシュタット大学で起こったアルザシウス・ゼーホーファの事件でこの青年を弁護するために勇敢に立ち上がったアルギュラは、インゴルシュタット大学やヴィルヘルム公、インゴルシュタット議会などに公開書簡を送った。これに対して当のインゴルシュタット大学は、女になど返事をする必要はない、と高をくくっていたようである。また、その他ヴィルヘルム公などからもまったく返答がなかった。ところが、インゴルシュタット大学の学生で、"ランツフートのヨハネス"とだけ名乗る者が、詩のかたちで彼女に真っ向から応答してきた。それに対して彼女もまた、詩のかたちで返答したようである。アルギュラの詩は、ランツフートのヨハネスの詩よりも断然長いものとなっている。彼女の詩は、議論的ではなく、またランツフートのヨハネスのような口汚い攻撃もなく、彼女に浴びせられてきた非難に対して、聖書に基づいて、適切に丁寧に返答している点、ヨハネスのものより勝っているといえよう。

なお、アルギュラの詩は、ランツフートのヨハネスによる詩とともに、ニュルンベルクのヒエロニムス・ヘルチェルより、1524年の秋に、発行されている。

シュタウフェンの女性の言葉と
彼女の論争

貴女の名はアルゲル夫人、その名の意味は「したたかさ（Arg）」[1]、
論争好きで、恥知らず。
女らしさの心遣いに頓着せず、厚かましくて、遠慮に欠ける。
貴女は、貴族たち、君主たちに珍奇な信仰を吹き込みたいのだ、
彼らを脱帽せしめるために。
大学と事を構えんとしようとは、大胆不敵な貴女！
百片のかけらをちぐはぐに継ぎ接ぎし、
一枚のキルトを仕立て上げるがごとく、
貴女は聖書から間抜けた引用をしては、いいがかりをつける。
かてて加えて、その引用は間違いだらけ。
テモテへの手紙1章[2]からの聖パウロのおかしな引用がそうであるように。
それで貴女は私たちに、大麦に代えて烏麦を売りつけているも同然。
パウロのこの原文からは、貴女は釈明できない。
「女は静かであれ」とのパウロの教えは万事に及び、
パウロが教えを説く段に、女たちを除外するのも、
パウロ自らの主張ゆえである。
妻は夫に従い、規律ある服従のなかに恥じらいや畏敬の念をもつべし、と。

---

* 本稿は、以下の翻訳である。Eyn Antwort in//gedichtß weiß/ ainem d（er）//hohen Schl zu Jngol=//stat/auff ainen spruch/ // newlich vo（n）jm auß//ga（n）gen/ welcher// hynde（n）dabey// getruckt // steet.// Anno. M. D. XXiiij.// Rom（er）. x.// So mann von hertzen glawbt/wirt// man rechtuertig/ so man aber mit de（m）//mundt bekennet/wirt mann selig.// Argula von Grumbach/ //geboren von Stauff.//（Eyn Spruch von der// Staufferin/ jres Dispu=//tierens halben.//）（Nürnberg: Hieronymus Höltzel 1524）14 Bl., 4º なお、翻訳にあたって以下を参考にした。Matheson, Peter, Argula von Grumbach. A Woman's Voice in the Reformation, Edinburgh 1995, pp. 131–154; Matheson, Peter（ed.）, Arugula von Grumbach: Shriften, Heidelberg, 2010, pp. 160–195.

1）原文は、'Fraw Argel arg ist ewer nam / vil ärger' となっている。
2）これは、テモテへの手紙一の2章12節「婦人が教えたり、男の上に立ったりするのを、わたしは赦しません。むしろ、静かにしているべきです」の箇所であろう。

なぜというに、最初の罪を犯したのがアダムではなく、
エバであったので。
頁を繰るがよい。5章[3]の中ほどに記されている。
妻たちは議論すべからず、決闘すべからず、
家にあって家庭を治め、教会にあってはおとなしくあれ、と。
預言者シビュラ[4]よ、考えてもみよ、
貴女は無謀で厚かましい。
にもかかわらず貴女は、
利口にして聖書の大胆な解釈者をもって自任する。
貴女は言う、
一千年の昔、原典を精読し熟知した、神の友たるあまたの聖人たちが明らかにしなかったがために、今人々はそれを必要とする、と。
聖人たちは万事調整を良きものとし、
異端者たちは議論を良しとする。
貴女の崇拝するマルティン・ルターは背教者、背教の兄弟、

---

3) 該当箇所は、テモテへの手紙一の5章14節「だから、わたしが望むのは若いやもめは再婚し、子どもを産み、家事を取り仕切り、反対者に悪口の機会を一切与えないことです」とみられる。

4) Sibylla（ギリシア語）。古代ギリシアの著述家たちに知られていた伝説的な女預言者。ドイツ語ではシビル（Sibylle）。アポロンの神託を受けた女預言者と解された。その数は次第に増えて10名となった。そのうち、クマロのシビュラが有名で、六脚韻で記された。その託宣集は、ローマ王タルクィニウス（Tarquinius: B.C. 616-579）が購入し、特別な祭司団により保管され、地震、疫病などの災害の際に元老院の命により「シビュラの託宣」を通して神の意向がうかがわれた。これが紀元前83年、カピトリウムとともに消失すると、新しい託宣集が編纂されたが、これも5世紀初頭に消失した。

　ヘレニズム・ユダヤ人と、のちにはキリスト教徒とは、シビュラの託宣集に対する多くの挿入・改作・偽作を六脚韻で残した。これらが旧約聖書偽典（ユダヤ教部分）と新約聖書外典（キリスト教部分）としてこんにち知られている。ウェルギリウスの『第四牧歌』に黄金時代をもたらす神童の誕生がシビュラの予言として記されており、この神童がキリストと結合されるに及んで、キリスト教文学と芸術におけるシビュラの地位は、旧約聖書の預言者のそれになぞらえられるほどになった。ここではアルギュラを、神の宣託を伝える巫女であるとされるシビュラになぞらえているのであろう。

昨今、彼はあらゆる他者との争闘に疲れ、矛盾したことを宣う。
それは、今日彼を満足せしめたことが、明日には退けられるがため。
しかし、貴女は黙しておとなしい盲目の悪魔たることはできない。
貴女にあって、彼の言葉は純粋な福音なのだから。
ルターとフィリップ・メランヒトンは、
さながら北斗七星の二つの巨星、
漆黒の石炭のごとく輝き続ける。
彼らは聖書を自らの公然たる目標につくりかえ、
神の聖なる御言葉は見る影もなく乱れ果てる。
そんな異端者の教えを、神の栄誉や御言葉と同一視するとは、
なにゆえ貴女は、そこまで愚かなのか？
貴女はいったいいずこで、そんな考えを得るのやら？
貴女は言うだろう……、パラティン[5]様から得ているのだと……。
私たちの信仰が危うくなったとき、かの人物は、
その大いなるまやかしによって、貴女の口を封じ、
さらには、他の者——思うに、フリードリヒ賢公——をも堕落させた。
にもかかわらず、あなたが上記のごとく即答したとしたら、
私は呵々大笑もしよう。
しかし、これは不思議でもなんでもない！
賢明なことわざに曰く、「賢いばかは始末に負えない！」
しかし、子が別の名をもっていることに適切に責任を負うべきではあるまいか[6]。
すなわち、あなた自身ずっと守ってきた秘密のこと。
私は知っている、貴女はルターの教えを心から喜んでいるのだ。
彼は、貴女たち女に姦通と好色を、図々しく粗野な不義の門を

5）シュパラティーン（Spalatin, Georg: 1484-1545）のこと。フリードリヒ賢公の秘書となりヴィッテンベルクに派遣され、ルターの協力者となった。
6）女性が姦通と好色不義をはたらいていることを指す。修道士であるルターが結婚したことにより、プロテスタントは妻帯ができるようになった。ルター自身、修道女に結婚の世話をした。

開いているのだから。
思いやりのない言葉を投げかけて、
あるいは少しぞんざいな態度で、
男たちは貴女たちから逃げ去っていく。
マルティン・ルターは、自らに従う女たちの貞操を守れない。
私は誓って言う、それは不誠実だと。
パウロが示すごとく、すべてが私には怪しげだ。
パウロははっきりと教えているではないか、
罪に打ちのめされたあまたの女たち[7]が、
誤った教えに惑わされたことを。
そして、貴女のうわさを私は耳にした。
その修道士[8]が貴女を捉え、彼の教えが貴女に取りついたと。
巻き毛のアルザシウスのために、
貴女は惜しみない同情を寄せ、弁明する。
それは貴女が発情しているからではないか?
18歳の此奴のために?
嫌悪され、嘲笑されても、貴女がこの事件に責任を負わんとする、
その理由はいかに?
わが古き友、アルギュよ、
貴女はまことの変わり者、
貴女は聖書の言葉を引いて私たちを驚かせるつもりか。
貴女は自らの邪な恥を隠そうとして、
無知からとはいえ、貴女の話をことごとく信じ込む市井の人をだまそうとしている。
私にはおそるべき悪夢とみえる。

---

7) これは、テモテへの手紙二の3章6節「彼らの中には、他人の家に入り込み、愚かな女どもをたぶらかしている者がいるのです。彼女たちは罪に満ち、さまざまな情欲に駆り立てられており、いつも学んでいながら、決して真理の認識に達することができません」を念頭に入れて記していると考えられる。

8) 修道士とは、マルティン・ルターのことである。

貴女は、自分好みに聖書をゆがめているようだ。
親愛なる年増の淑女よ、
貴女は狂っているのではないか？
私たちが聖書などまるで読んだこともないと、
貴女は本気でそうお考えか？
貴女が習得された驚くべき知識に、だれも太刀打ちできないと？
貴女は横柄でわがまま放題、
貴女こそ聖書をまるごと鵜呑みにしているのではないか。
貴女は聖書を読むには子どもじみてはいるが、
貴女を揺さぶる風を、
アキロン[9]から強く吹き付ける一陣の風を、
摑もうとしている。
世に流布したうわさから自らの名誉を守るため、
貴女はその自尊心と空虚な意見を捨てよ。
それに代えて、貴女のスピンドルを巻くことだ[10]。
ふち飾りを着けよ、さもなくばボンネットを編まれよ。
女の身で自らの意見をひけらかすのはおやめになるがよい。
神の御言葉や説教者の言葉に、女は耳を傾けていればよいのだ、
マグダラのマリアのように。
女よ、これが私が貴女に授ける良き助言である。
かくいう私をご存知なくとも、以下のことだけで十分。
私は人呼んでヨハネス。インゴルシュタットの自由な学徒にして、
ランツフートの出、市民の息子。
学生の私に安寧を与えられよ。
なぜなら、この一件で再び貴女が立ち向かってきたならば、
貴女のすべての異端の仲間たちと同様、
貴女には死あるのみであろうから。

9）北から（すなわち、ヴィッテンベルクから）という意味。
10）剣が男性の役割のシンボルのように、スピンドル（紡績機の糸を巻き取る軸（紡錘）を指す）は女性の役割のシンボルだった。

* * *

インゴルシュタット大学のある学生から寄せられた
詩の形式からなる応答に対する詩のかたちでの返答
主の年、1524年

「もし心で信じるなら、その人は義とされる。
しかし、もし唇で告白するなら、その人は救われる」。
—ローマの信徒への手紙10章—

アルギュラ・フォン・グルムバッハ
旧姓フォン・シュタウフ

神の御名において、ヨハネスを名乗る大胆な方に、
ここに返答いたします。
私に返答を求めている人物はランツフート出身と、
それが私にわかることのすべて。
気をつけましょう！ それは明らかに事実と異なるのだから。
インゴルシュタット出身のこの自由な学生は、
その口吻ほどには自由でなく、
だから言葉で飾り立て、本当の名前を覆い隠す。
キリストは率直に、自由に、私たちに警告します、
悪人たちはだれしも、白日を憎むを常とする、と。
それゆえでしょうか、私が、ヨハネスを名乗るあなたに、
こう言わなければならないのは？
その名前[11]をもつキリスト者は数知れぬ、と。
わが友よ、恥を捨て、祈りなさい。
そして、もしあなたが正直なキリスト者であるのなら、
あなたが公然としていることを、インゴルシュタットに見せなさい。

---

11) ヨハネスという名前は、キリスト者に多い名前だということであろう。

私が誤っているというのなら、
私に説明なさい、あなたのお望みの日に。
もし、あなたが神の御言葉を示してくれるなら、
私は従順な子どもさながら、あなたに恭順もいたしましょう。
あなたは一人のキリスト者として、
私の誤りを腹蔵なくお示しを。
3週間先、4週間先、いかなる条件であれお示しくだされば、
それで、私たちの議論にだれもが立ち会い、
耳を傾けることもできましょう。
あなたにまみえて、私の主、神について、ぜひ話し合いたき次第。
私には何も恐れることなどなき旨の、
キリストのお墨付きがありますゆえに。
たとえ、直ちに召喚されたとしても……。
御父は私たちに、何を語るかをお教えになります。
御父は聖霊を私たちの口にお入れになり、私たちに言われます。
「あなたがたはなにも語らなくともよいのだ」と。
ゆえに、あなたとの約束は私の心を躍らせこそいたします。
私は本で学んではいませんが、
だからといって、何を恐れることなどありましょう！
私は、黙ってあなたにお目にかかりたい、
偶像を造るというあなたのやり方によって汚された、
神の偉大なる御名をほめたたえるために。
私は弱い存在であっても、神が御自らの栄光のために、
私を強くしてくださいましょう。
マタイによる福音書10章で、キリストは命じておられます。
肉体を殺せても、魂を殺せぬすべての者を恐れるなかれ、
魂も肉体も地獄で滅ぼすことのできる方を恐れよ、と……。
神の霊が内に宿られないならば、私たちの肉体の完成はありません。
ヨエル書をご覧なさい。以下の約束を見出せましょう。
男も女も、そこで除外される者はいない、と。

神は、その聖霊をすべての者に注がれるのだから。
神の霊を呼ぶことができ、ひとりそれを理解すると目される修道士だけが、
狭い聖職者席を占める剃髪した修道士だけが、
聖霊にあずかれるということではありません。
それどころか、神は相手によってさまざまな調子でお歌いになります。
ゆえに、あなたの息子や娘、僕や女中が預言もいたしましょう。
そして彼らは願うでしょう、
自ら聖書を読み、その意味するところを神から学びたい、と。
主の日における大いなる恐るべき日［神の審判のこと］が訪れる前に、
老いた人々は新たな夢を見、天と地は不思議な外つ国について語るのです。
ヨハネによる福音書7章[12]の教えを注意深くお読みなさい。
われらの主、キリストは声高に言われました。
「さあ、渇いている者はだれでも、わたしのところへ来なさい！
わたしを信じる者は、その人の内から生きた水が
思うがままに流れ出るようになる」と。
聖霊について、キリストは私たち一人ひとりに、
説き明かしてくださいました。
願わくは、あなたから神の御言葉に立ったご説明をうかがいたく。
農夫や女は、締め出されましょうか？
どうか、私に話した場所を示してください[13]。
使徒とはいかなる人物であったか、思い出してもみてください。
彼ら使徒に、高い学問を修めた人物がいたでしょうか？
ヨハネは漁師でした。漁師に深い学問を身につけた者などいませんでした。
ペトロとて同じ。ご存知のように、彼も漁師でありました。
パウロが示しているように、
神は、貧しさと弱さのなかにある私たちを助けんがために、
聖霊をお遣わしになりました。

---

[12] ヨハネによる福音書7章37〜39節。
[13] いかなる場所でも、そこが立派な場所であろうとなかろうと、イエスは話をされる、ということを含意している。

ローマの信徒への手紙 8 章[14]にそうあります。
私たちは、聖霊にその方法を示してもらわずして、
どのように祈るべきかを知ることができません。
キリスト者はみな、私たちを真理に導く聖霊に、
耳を傾けなければなりません。
コリントの信徒への手紙一をひとたび適切にお読みになれば、
あなたも理解できましょう。
2 章[15]でパウロは、神の良き魂は私たちすべてに、一切のことを、
神の深みさえも究めさせるとしています。
だれも私たちのなかに潜んでいることを知りませんが、
聖霊は私たちのなかにあって働くのです。
死すべきものたる人間には、
神のなかにある事柄は隠れたまま表れません。
パウロが称賛しているごとく、
神の霊のみが御言葉を通して、私たちみなをお導きになります。
聖霊以外の世の霊を受け取っても、私たちは進むことはできず、
神のお送りくださった聖霊で私たちは進むことができるのです。
聖霊は私たちに、神の恵みから私たちが得てきたものは何かを、
明確に説き示します。
3 章[16]では、私たちは［主の宿る］神殿と命名され、
「神の霊はあなたがたの内にある」旨、宣言されています。
本当に私たち女は締め出されましょうか？
コリントの信徒への手紙二の 3 章でパウロは、
［キリスト者としての］私たちの人間性を示し、
もし私たちのなかに霊が住まっていなければ、律法の文字によって殺される
と述べています[17]。

14）ローマの信徒への手紙 8 章 26 節。
15）コリントの信徒への手紙一の 2 章 9〜13 節。
16）コリントの信徒への手紙一の 3 章 16 節。
17）キリスト者はイエス・キリストにおいて新たに神と契約を結んだ者であり、新たな

この章でパウロは、主は御自らを霊であると私たちに語りかけておられるのだといいます[18]。
そしてパウロは、こうも語ります、
キリストは私たちをお導きになり、
もし御父が、私たちを近くにお引き寄せにならなくば、
私たちのだれも神を見ることができない、と。
私はまた、だれかのために、急いで行かなければならなかったのです[19]。
キリストが私にはっきり示されているように、
私たちは神のみを学ばなければなりませぬ。
ヨハネによる福音書6章、そしてイザヤ書54章はそう記します。
かようなメッセージに十分意を払いつつ、
あなたは必ずや神の御言葉を読むべきです。
されば、心は神へと導かれましょう。
しかし、あなたは神の御言葉を曲解してきました。
私は聖書の理解をより深めたいと神に祈りました。
すると聖書で語られる言葉の理解が勢いを増して進みました。
詩編70編で、神をほめたたえて王座についたダビデは言明します。
「主よ、わたしの若いときから、この地がわたしに真実をもたらしてきた」
と。
詩編93編[20]の詩編作者［ダビデ］がその顔を置いた場所［王座についた場所］で詠われた、次の一節に注意されたく。
「主よ、いかに幸いなことでしょう。

　契約に仕える者は、旧約におけるモーセのように、文字（律法）に仕える者ではなく、霊の福音に仕える者である。（したがって、霊の福音に仕える者でなければ）律法はそれ自身で霊的なものではあるが、それは私たちの罪をあばき、罪を悪として裁き、人を死に至らしめる。

18) 主は霊であるので、キリストの福音は私たちを真に活かす力となる、ということを意味している。
19) アルギュラ自身が、霊の福音に仕える者として、だれかのために急いで働かなければならなかった、ということ。
20) 原文ママ。詩編94編の誤りと思われる。詩編94編12節。

神ご自身に諭され、あなたの律法を教えていただく人は」。
ここには、人間の無駄話の言葉はありません！
一方、あなたの教皇の命令に、いかなる価値がありましょうか、
致命的なことばかり連ねた命令に。
追放、中傷、精神と身体に加える天罰、
絞首刑執行人が私たちの首に掛けまわす縄、
あなたの報酬と強欲、
教皇はそれらを必要なものとして、私たちに要求します。
あなたは、キリストからすべて教えられてきた、と言う。
でも（キリストの言葉を多少なりとも気にかけているのなら）、
あなたは広い世界へと出て行くべきです。
マタイによる福音書で、私は真理が広がることを知りました。
富を得てはならぬ、金を得てはならぬ。
（こう書いたところで、あなたは冷めたままだということが私にはわかっています）。
神が私たちに命じてこられたことはただひとつ、
神の語った聖なる御言葉を説き明かすことのみです。
さらに、申命記4章と12章から、神がその聖なる御言葉を切り刻むことを
固く禁じていることに気づくことでしょう。
「何も加えてはならない、何も取り去ってもならない」と。
さて、あなたは教皇の命令に耐えるのですか、
難解なスコトゥスに耐えるのですか？
私たちは、そこに神の御言葉をあまり見ることはできません！
神がまさに禁じてきたお喋りをつくりだしている。
偉大な学者にして、このありさまなのです。
イザヤ書30章に書かれています、
神の忠告に聞く耳をもたぬ者に災いあれ、と。
キリストも言っておられます、
「人間の戒めを教えとして教え、むなしくわたしを崇めている」[21]と。
さらに同じ章で、「神が植えなかったものは、地上から根こそぎにしなけれ

ばならない」[22]と。
あなたはキリストに、どう耳を傾けるのでしょうか？
答えてください、あなたの心の内をお聞かせください！
目の見えぬ人が目の見えぬ人を誤って導いたら、
ともに穴に落ちてしまうでしょう。
主よ、あわれな者すべてをお救いください。
今あなたの恵みを私たちにお与えください、
私たちが彼らとともに面目を失わないために。
マタイによる福音書15章で神は、目が見えず、かたくなな心の持ち主を置き去りにすることを命じておられます。
父をあなたに近づかせよう、
あなたが人間のやり方に逃げ出さぬように、
あなたがアリストテレスや教皇の命令に逃げ込まぬように。
宣教において、神の御言葉に、あいまいな言葉で傷つけるがごとき作り話を付け加えるようなことを、神は決してお認めになりません。
あなたが長きにわたって重ねてきた所業を、
神は決して黙認なさいますまい。
あなたのように、富める者も貧しき者もともにだますなど、
だれにできましょうか。
強欲で、恥を知らず、率先して思うがままにことを運び、
かつまた気取って歩く。
暮らしが豊かなときにこそ、あえて精神的な名声を求めなさい。
偽善的な市場では、神の御言葉は安く細々としたものを好みます[23]。
お聞きなさい。パウロはコリントの信徒への手紙一の2章で、
真実を述べています。
キリスト信者は、一生わずかな金を得ようと生きる他の多くの者たちと同じではないと……。

---

21) マタイによる福音書15章8節。
22) マタイによる福音書15章13節。
23) 暮らしが豊かな時は、神の言葉を聴かなくなる、という趣旨。

神から出たキリストにあって「強欲からなされたことはない」、
パウロはそう語ります。
あなたは神の御前で話す前に、
ここで正直に自らの言葉を私たちに語りなさい。
あなたにそれができるのなら、
私たちは喜んであなたに従いもいたしましょう。
しかし、あなたは私たちみなを道に迷わせている。
それゆえ、さあ、今日こそ石は叫び出すでしょう！
あなたは神の御言葉を圧迫している。その恥を知りなさい！
悪魔のたくらみに魂を引き渡すくらいなら、
私は、家で、往来で、話し続けることをやめません。
私に神の恵みがあるかぎり、私は隣人と正面から向き合って話したい。
パウロは私が隣人と話すことを禁じておりませんから。
神の御言葉を自由に語ることができぬとは、悲しいこと。
余計な口出しは控えなさい、愛しきヨハネスよ！
学ばなくてはなりません。
民数記に出てくるあなたもご存知の話。
神はロバに人の声をもって真実を語らせ、
ロバは賢明な人たるバラムを正そうした。
そのときロバは何を語ったでしょう。あなたは学びなさい。
バラムはロバに強く拍車を入れ、鞭を振るいはしたものの、
それ以上のことはできなかった[24]。

---

24) 民数記 22 章には、イスラエルの大軍に恐れをもったモアブ人バラクが、ペオルの子バラムを招いてイスラエルの上に呪いの言葉を述べさせようとするが、逆にバラムがイスラエルを祝福する話が記されている。
　バラムとロバの話は、バラムが朝起きてロバに鞍をつけて出かけたのは、主の許可があったからだと考えられる。ところが、突然神の怒りが燃え上がる。バラムがバラクの要請に応じて出発した旅の途中で「主の使い」に出会い、バラクの要求が神の意志に反すると知る。この主の使いは天使ではなく、神自身の顕現を指す。ここでは、偏見をもたないロバに物事がよく見えているのに、頑固な人には却って見えないということを示している。

そんなことは今日、世の人の言っていることから十分わかること。
あなたが、笑い種になるだろうとみている神の問題に正面から向き合い、
偏見をもつことなく堂々と闘いなさい。
聖書そのものが、ユディト記 8 章[25]のなかで、
私に説き明かしています。
[アッシリアがユダヤに派遣した] ホロフェルネスの軍勢は戦車や馬を従え、
武装して [ユダヤの都市ベトリアとの] 戦(いくさ)に備えておりました。
[ベトリアの] 人々の心は苦しく、意気阻喪し、
神の荘厳な誓いを信じておらず、
神は、数日のうちにも人々の混乱した精神を自由にしなければなりませんでした。
人々がホロフェルネス軍に寝返ってしまわないよう、神が数日以内に救いの手を差し伸べなかった場合は、人々がホロフェルネス軍に降(くだ)ることを約束させられました[26]。
それを聞いたユディトは、祭司たちに直ちに去るよう命じ、
人々に対しては、その昔から今のように大きな苦難に見舞われたときには、
神が彼らの父祖たちを導いてこられたことを説き、
聖書に基づく証明も丹念に行いました。
彼女はまた、統治者を厳しく問い詰め、
「あなたがたは何をしていたのか」と大胆に叱責しました。
彼女は、非常な苦しみのなかにいる彼らの心を再び高めました。
アブラハムもイサクもヤコブもみな、
しばしば大きな苦しみに耐えなければなりませんでした。
モーセも同様で、主は彼らを、その信仰、その気持ちがいかに真なるものかを確かめるために、試されました。彼らが神に信頼するまで。

---

25) ユディト記 8 章 9〜22 節。
26) 敵に町を明け渡すと人々が約束したその日までに、主はユディトの手を通して救いを実現してくださるということだが、神からのこのような試練に服することはむしろ誉れであり、試みられるのは決して罪を意味するものではない、ということが含意される。

試練はしばしば過酷であっても、彼らの罪はさらに大きいのです。
そこで、耐え忍ぶことによって、彼らは導かれます。
神がその鞭を私たちにお加えになった、
それは私たちにとって、大いに喜ばしきことであるのです。
ユディトは、人々の安寧のため、命をかける覚悟をしました。
11 章[27]から、神は女性にお託しになったのだと私は理解しました。
ホロフェルネスによって、彼女は勇敢に立ち上がり、
涙ながらに黙して神に祈りました。
そう、彼女はホロフェルネスの眠る寝床の前に立ち、
心から神に祈りました。
「イスラエルの神である主が私を強くし、私が信仰において始め、
そして主を通して計画を望みどおり遂げんことを、
今このときにかたく決意させてくださいますように」と。
彼女が神を全面的に信じたがゆえに、
神は彼女の手に力をお与えになり、
そして彼女はホロフェルネスを滅ぼした。
彼女が彼の首を刎ねた、そんなことをにわかに信じられましょうか？
素晴らしき男として誉れ高き彼は、かくして笑いものとなったのです。
あなたが知りたければ、士師記に同様な事柄をいくつも見出せます。
同様な人物として、デボラを挙げましょう。
イスラエルの民を導くため、また彼らを裁き、支配するために、
神が送り給うた預言者。
あなたがその当時に生きていたら、
賢明な人よ、あなたは神が哀れな女の行動によって、
御自らの計画を実行なさることを、
疑いもなく止めようとしたでしょう。
神の勝利が女たちを通してであることに、
あなたはきっと耐えられなかったでありましょう。

---

27) ユディト記 11 章。

シセラもまた一人の女の手で滅びることになりました。
その女の名はヤエル[28]。
ゆえに、あなたは怒りを燃え上がらせてはなりません。
神はあなたの蔑みを潰えさせようと、
再び女たちを立ち上がらせます。
女たちのグループから加えられる神の天罰に、
あなたは激しく苦しめられるでしょう。
あなたには、一人の学者の振るまいにとやかく言う資格はないのですから。
子どもじみたあなたに、神は嘲りを浴びせてきました。
あまたの嘘で綴られたあなたの詩のなかに、
そのことが明らかに見て取れるのです。
私は驚きを禁じえませんでした、
思うに、あなたはあまりに馬鹿げたことを書いている、と。
丸々1年もの間、あなたは私の書いたことにどう応じるか、
そんなことを考えて過ごしてきたのです。
堂々と出てくればよいのに。神が月桂樹の王冠をかぶって王位に就かれると信じて。
この地上のだれのことをも考えに入れない詩を書き始め、
賢明にも人々を中傷し、嘘をついたとしても、
知恵の神はすべてを見ておいででしょう。
連ねられたその詩を見れば、神の知恵もどこか虚しく感じられましょう。
あなたはキリスト者に何も言わせまいと、
大学の式服式帽姿で走り回っているので。
ただ必要と思えば、私はすぐに詩を書いたでしょうに。
大学で詩の形式［を借りた論争］などめったにお目にかかったこともなく、

---

[28] シセラはハツォルのモヤビンの将軍。ヤエルはカナン人ヘベルの妻（士師記4章2〜22節）。シセラは鉄の戦車900両を中心とする兵力をもってデボラとバラクの率いるイスラエル軍を悩ませたが、キション川での合戦において、悪天候に利せられたイスラエルによって敗走せしめられ、カナン人ヘベルの天幕に身を隠したが、その妻ヤエルによって殺害された。

あなたの詩に煽られて、はじめて私も詩を書いた。
これであなたは、自分をだれより賢い者と思い込み、
自画自賛の歌をもはや歌おうとは考えますまい。
あなたは、神の御言葉をすでに読み尽くし、神をすっかり修得し、
だれもあなたの理解に及ばない、と思っていましょう。
親愛なるヨハネスよ、解釈を誤ってはなりません。
箴言 26 章で賢者が忠告しています。
愚かな者にはその愚かさにしたがってこたえよ、
彼が自らを賢き者と見ないように、と。
私は再び、あなたが公の場に出てくることを求めます。
それで、私はあなたの男らしい賢明さを目の当たりにできましょうから。
ぜひ公に証明してみせてください。
ルターの言葉が、そしてフリップ・メランヒトンが異端であるといわれても、
私には両名ともに、あなたの中傷的な言辞が宣言しているがごとき、
罪の扉を開けていることを示唆する手がかりを、
見出すことなどできません。
彼らが神の御言葉を書物で書き表す前から、私が言ってきたことを、
もう一度言わせていただきたい。
あなたを決して害することなどなかったキリスト信者を、
なぜ罵倒するのですか？
あなたが憤慨し、どれほど軽蔑しようとも、
私は神の御言葉を通して生まれ変わったのです。
あなたが彼らを——そして他の人たちを——誹謗しておられようと、
その彼らの教えは、私の心に残っているのです！
前に述べたとおり、主は、神のものたる彼らとともにあるのです、永遠に。
数々の同労者をもって彼らは、パウロやアポロがそうであったように[29]、大地に種を蒔いては入念に水を与えているのです。
それを成長させてくださるのは神です。

---

29) コリントの信徒への手紙一の 3 章 6 節。

あなたがどれほど切歯扼腕しようとも、
その収穫を阻むものはありません。
あなたが自らを非常に立派と思い、神に逆らって戦っておいでになったとしても……、
あなたの空疎な言葉は、神のお力の前に、
たちまちにして雲散霧消してしまいましょう。
蜜蠟が煙のなかで溶けるように、
あなたの冒険は終わるのです。
ダビデが聖霊の助けを得て創った詩編 67 編[30]を、
あなたは自らのために読み、
私の言うことが真実と知りなさい。
あなたが勉強して、また死すべき人間を楽しませることは、
数々の魂を悪魔の入り口に導いてきたのです。
あなたの書いたもの、そして教皇の命令をみればわかるように、
あなたはあまりに心許ない希望をもってこられた。
というのも、私たちが人間の勇気に希望を託すことで、
神の聖なる名誉を傷つけることになるのだから。
彼ら［教皇たち］が神のよき御言葉を私に示し教えてくれさえすれば、
そしてそのことに私が気づけば、
いつでも私は子どものように恭順もいたしましょうに。
エレミヤ書 2 章のなかに、
私は主のため息まじりの嘆きを聞き取りました。
「わたしの民はわたしを捨てた、わたしの生ける水を井戸からこぼしたのだ」[31]と。
ほかのところ、17 章でエレミヤは、
「神御自らわたしにはっきりと言われる」と述べて、
再び同じ主題を語っています。

---

30) 正しくは詩編 68 編。
31) エレミヤ書 2 章 13 節。

「主よ、あなたを捨てる者はみなはずかしめを受ける。
生ける水の源から断たれるゆえに、
彼らの渇きを和らげようとする者はみな、はずかしめを受ける」と。
神はさらに言われます。「もし、あなたがわたしをいやすなら、
わたしは確実にいやされよう」と。
エレミヤは、このように神が言われたことを、
すべて自らの言葉で私に語りかけるのです、
死すべき人を頼みとする者は呪われ、
主を頼みとする者は祝福される[32)]、と。
これこそ、マルティンがあまたの学識ある人々とともに行ってきたこと。
神の御言葉のもと、必ずや私も躓く石を思い、謙虚でありたいもの。
他のだれかの信仰のなんたるかを見ようとして、
また、だれかが必ずや落ちゆくさまを見ようとして、
周りをうかがう必要などありませぬ。
神の御言葉を通して私は、
神の教えのすべてを保ち続けたい。
そして、それでもあなたは耳の聞こえない人のように、
私たちが人間の名誉に私たちの信仰を紛れ込ませているのだと、
それがマルティン・ルターに基づくのだと、
そう言いつのります。
だが、人は欺くもの。
だから私たちは「ヨハネの手紙」のように、
神から出た霊か否かを確かめるのです[33)]。
また、あなたはアルザシウスの事件を、
自分の問題に引きずり込んでしまった。
それはなんと忌まわしき行いであったことか。

---

32) エレミヤ書 17 章 5〜7 節。
33) イエス・キリストが肉となって来られたということを公に言い表す霊は、すべて神から出たものである。イエスのことを公に言い表さない霊は、すべて神から出ていない、ということを含意している。

ルターやメランヒトンに関して、私は語ったことがない。
私はこの二人にかつて会ったこともないと、
神の前で率直に告白できます。
あなたの心が悪に苛まれているとき、
あなたがなにか良きことを言うなどと、
どうして期待がもてましょうか？
マタイによる福音書12章にこうあります、
「もし神のために苦しむなら、わたしはなんの辛さも感じない[34]」と。
ゆえに、もしあなたが単に私を辱めたかったのならば、
私はなにも答えずに、キリスト者が従順であることを態度で示し、
あなたにもう一方の頬を向けることもできましたのに。
しかし、あなたは神の御言葉を傷つけようとした。
だから私はあなたの所業に、なんの役にも立たぬ陰府の力に、
強く抗いたいのであります。
神が御自らの口で御言葉を発し、それが奔流のように押し寄せて、
あなたは打ちのめされ、蔑まれるでありましょう。
神はあなたが神の民にもたらした苦しみや恥をなど、気にも留めません。
聖書に曰く、「千人といえど追い払うであろう」。
詩編3編にダビデの言葉があります、「千の敵も恐れない[35]」と。
そして、聖書ではこうも語られています、
「われらの主だけが唯一の神、神はあなたを笑いものにするであろう」と。
神はあなたを念頭におき、預言者の言葉を通して言明なさいます、
「彼らが禁じているかぎり、彼らが中傷しているかぎり、
神は祝福する、神はほめたたえる」と。
詩編108編をお読みなさい。
そこに、神が御自らに敵対するすべての者を、
いかに馴致しておられるかが示されています。

---

34) マタイによる福音書12章34節。
35) 詩編3編6節。

敵対する者を奴隷にして逃亡させ、彼らの右に悪魔を置くのです。
この預言をしかとご覧なさい。
そこに、まさに何があなたを襲うかを見ることになりましょうから。
あなたは死者にご馳走を振る舞わなければなりますまい。
というのは、ねたみがあなたを完全に酔わせていたからです。
神に敵対する者に快く報いる者がいないので、
あなたがねたみをもって、大声で「異端者」と叫んでいるのを、
私は頻繁に聞いてきました。
あなたは、持っている羊毛が自分のものであるかぎり、
羊を刈る人のことなど気にも留めますまい。
この種の横柄な人はみな、説教壇上から相手を一呑みにするかのごとき威厳
を何度も見せつけるもの！
しかし、そのような人と直接向き合ってみると、
聞くことのできた聖書についての話は、
ほんのわずかでありました。
私のことを、あまりにも無知だと抗議なさるなら……
そのときには堂々とあなたの知恵を私に分け与えてくださいませ。
しかし、ひとつのスピンドルはあなたが提供するもの。
［聖書により］教えごとに、あなたのほうから説き明かしてただかねば。
この達意の名文家は、私に家事の義務というものをご教示くださった！
日々行っている家事を、この私がどうして忘れることなどできましょう？
祈ってくださるとでも？
キリストが私に語られる御言葉を聞くこと、
それこそが最良の選択です。
私の主なる神よ、私のもとにお越しになり、お話しください。
私のたったひとつの望みは、主よ、あなたの御言葉を聞くことです。
然るに、あなたは人々に真実を避けることを強いる。
そんなあなたのような人から、私は学ぶことなどできましょうか？
従順な奉仕にいかに努むべきか、
そして、夫をいかに尊重すべきか、

あなたは忌憚のない助言をくださった。
それ以上の指図をもらっても、私は身もだえするだけです！
奉仕せよ、常に喜びをもって従え、夫からの絶え間ないそんな指図を、
私の心と魂は忌み嫌います。
しかし、［実際には］夫がなんら不平を口にしなかったことで、
私は安堵しています。
神が私に、夫への振る舞い方をお教えくださいますように。
さりながら、よしんば夫が神の御言葉によって私を強いて従わせ、
あるいは力で抑えようとしたとしても、
（それがあなたの懸念と察せらるるものの）マタイによる福音書10章[36]にある
ごとく、さして大事とも思いません。
私たちは、子ども、家、持てるものすべてを、
すぐさまお返しせねばなりません。
息子や娘を御子よりも愛する者は、
御子を愛するにふさわしくない者と呼べましょう。
もし私が神ご自身の御言葉を与えずして、背いたとしたら、
そう、私は喜んで命を捨てましょう。
臆病な恐れから命を救われんとするよりも、
私は主なる神を愛します。
最後の審判でキリストに軽蔑されることも、
山羊や子山羊の陣取るキリストの左側に身を置かれることも[37]、
私は望みません。
私は是非とも右の扉を見たいのです。
というのも、キリストは言われるからです、
「わたしを信じる者は、最後の審判からまったく自由になり、

---

36) マタイによる福音書10章35〜37節。
37) 終末の日に人は、その隣人に対する愛のわざによって裁かれる。すべての民（異邦人だけでなくユダヤ人も、未信者だけでなく信者も）は神の前に集められると、羊飼いが羊と山羊を分けるように、彼らを選り分け、羊を右に、山羊を左に置く（パレスチナでは、羊は白、山羊は黒が多く、すぐ見分けられた）。

そしてわたしとともに死から永遠の命へ移っていく」と。
ヨハネによる福音書3章と5章に記された言葉です。
神が私のもとに留まり、そして私の最後の時に、
キリストの言われたことが私に実現せんことを。
もう一度申し上げます。
あなたはあなたが耳にした私の馬鹿げたうわさ話を携えてこられた。
私の考えは、あなたがパラティン氏と呼ぶ人に由来する、と。
さりながら、あなたが口を極めて中傷してきたその人物を、
あなたが話のなかではっきりご説明くださったその人物の名前を、
私は存じませぬ。
あなたは道化師のような鈴付き帽子をかぶって、
あまたの善良な女たちの名誉をはずかしめてこられた。
あふれんばかりの悪態と事実無根の話題をもって、
私を中傷なさっておられる。
私はそんなぞんざいな告発に対し、わが君主に苦情の筆を執りました。
あなたの不品行が君主たちに知れたときのことを、
あなたは憂慮すべきではありますまいか。
あらゆる人々をどれほど惑わせたことか、
その邪悪さは明白でありましょう。
君主たちはほどなく自らの身の危険を悟り、
あなたを捕らえるでしょう！ それとも悪魔を、でしょうか？
私が喜びをもって仄聞したところでは、
君主たちは近頃、聖書を繙(ひもと)き始めたとか。
彼らに何が正しいか、何が真実かを示すため、神が聖霊を送られ、
彼らが神ご自身の御言葉を受け入れるよう、
神の恵みがお導きくださらんことを。
あなたは悪態によって私を苦しめることはできませぬ。
それによって、私の心はもう一度力を与えられるのですから。
キリストは言われます。
「わたしのためにあなたがたが苦しむ時、

あなたがたに対して、人々がやじを飛ばし、
あなたがたを侮辱し、彼らの中から追い払われる時、
それから、人の子のためにあなたがたの名前がののしられ続ける時、
あなたがたは豊かに祝福されることでしょう。
この時をうれしく思いなさい、喜びなさい！
天において、あなたがたの名前は選ばれることでしょう。
あざ笑うあなたがたに災いあれ！
というのは、その時、あなたがたは泣いたり、悲しんだりするであろうからです。
すべての人に誉められるあなたがたに災いあれ！
神を冒瀆する者に災いあれ」。
荘厳な審判席におられる神の前では、
あなたがたの激しい怒りは取るに足らない。
これは、ルカによる福音書6章[38]で、しかと証立てられます。
ゆえに、あなたのやり方を改め、熟考なさい。
いまやそれこそが、あなたが公の場に現れるまでに行うべき大切なこと。
私のランツフートのヨハネスさん、バラムのロバから学びなさい。

　　　　神は望まれます。別の詩があとに続きますように！
　　　　　　　　　　　　　旧姓　A. V. G. フォン・シュタウフェン

---

[38] ルカによる福音書6章21〜25節。

第2部
――考察編――

アルギュラ・フォン・グルムバッハと
宗教改革運動

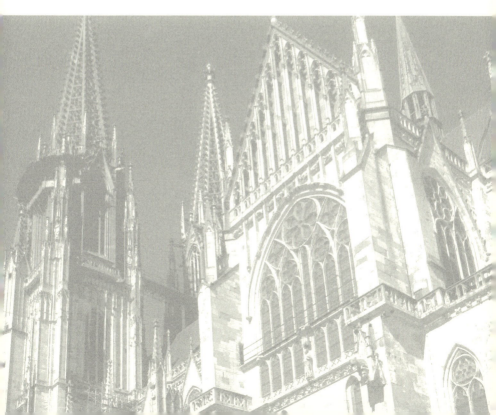

1 ルター時代の女性宗教改革者
アルギュラ・フォン・グルムバッハの
自由と抵抗についての一考察

1　はじめに

　16世紀における宗教改革期に、じつに多くの女性たちが信仰と政治の問題に深く関わっていることに驚かされる。たとえば、カトリック信奉者であるイングランドのギーズのメアリ女王やスコットランドのメアリ女王、フランス文芸復興の一翼を担い、福音主義を支援したナヴァール女王マルグリート、イングランド国教会を確立させたエリザベス女王など、挙げればきりがないほどである。

　特に注目すべきは、16世紀におけるこうした女性たちの政治と信仰に深く関わるという現象が、権威ある上層階級だけではなく、一般の市民にも波及していたことであるが、その一人がアルギュラ・フォン・グルムバッハ（Argula von Grumbach: 1492-1556? 1557?）である。彼女はおそらく、最初の女性政治記者であり、論争のために印刷術を巧みに利用し、いくつものタブーを破った、最初のプロテスタントの女性ライターであった。宗教の問題に関しては、女性が公言できる権利を擁護するために、彼女は聖書への自由で画期的なアプローチを行った。他方、福音主義を支持し、大学や教会、裁判所の不正、不義に挑戦するため、八つのパンフレット（小冊子）を出版した。その最初のものである「インゴルシュタット大学宛ての書簡」は、14刷にも及んだという。このような挑戦的な方法で、彼女は、それまで女性は公の

場では沈黙を守ることとされていた社会に一大旋風を巻き起こしたが、他方、彼女へのカトリック側の攻撃も激しいものであった。

これまでアルギュラに関する研究はあまりなされてきていなかった。その原因は第一にドイツの宗教改革はルターやメランヒトンなどの主なる指導的改革者の研究が中心であったことであり、第二にアルギュラの活動の場がインゴルシュタットというカトリック教会支持の中心地域であり彼女の働きや思想は無視されてきた経緯があるということである。最近、アルギュラの全著作の現代語訳を完成したり、また実際、彼女に関する研究に取り組んでいるマチソンによれば[1]、アルギュラの生涯について、女性学とドイツ文学界が今、関心を示しているようである。しかし、彼女の思想と行動の重要性はまだほとんど理解されてはいないとしている。

本稿の目的は、平信徒で、修道院や大学で聖書解釈の正式な教育を受けているわけでもなく、また4人の子を持つ平凡な主婦であるアルギュラ・フォン・グルムバッハがルターの改革思想に共鳴し、アルザシウス事件をきっかけに、ルターが説くキリスト者の「自由」の理解のもと、言論によって「抵抗」するという手段をもって改革運動をどのように実践していったか、その展開を考察していくことで、ルターの運動のひとつの具体的な展開と意義を示すことである。

2 アルギュラの生涯

アルギュラ・フォン・グルムバッハは1492年、ホーエンシュタウフ家のバイエルンの分家のベルンハルディン・フォン・シュタウフ（Berunhardin von Stauf）の娘として生まれ、バイエルンの伝統と教育を重んじる教養のある家庭環境で育った。彼女の家は非常に敬虔な家庭であり、たとえば彼女が10歳の時、父がラテン語『ウルガータ聖書』からのドイツ語訳の美しく高価なコベルガー版の聖書を与えられたという。また家族にはシュタウフ家独自の祈禱書があった。当時、貴族と領邦君主間の抗争が打ち続き、そのため彼女

---

1) Matheson (1995), pp. 53–54.

の家も没落していく。アルギュラは 15、6 歳の頃、バイエルン公の母であり、マクシミリアン皇帝の姉妹であるバイエルン大后妃クニグンデの女官として育てられるためにバイエルンの宮廷に送られた。クニグンデのもとで、彼女は十分な教育を受け、美しいドイツ語が使えるようになったが、ラテン語を学ぶ機会はなかったようである。彼女は非常に残酷で悲劇的な少女時代を過ごした。すなわち、彼女が宮廷についてまもなく、両親が次々にペストによって亡くなった。その後、彼女の叔父ヒエロニムス・フォン・シュタウフが後見人になって、世話をしてくれることを誓ってくれたが、その叔父も政治的陰謀に巻き込まれて、最後は斬首されてしまう。その後、ヴィルヘルム公[2]が彼女の父親代わりになることを申し出た。1516 年、彼女はフリードリヒ・フォン・グルムバッハと結婚した。彼は貧乏貴族であったので、結婚によってバイエルンのディートフルトの行政官に任命され、それに伴う俸給を受けることを喜んだ。彼女の著作から推察すると、夫グルムバッハはエネルギッシュで革新的な妻に比して、平凡な人だったようである。

アルギュラは、1523 年にインゴルシュタット大学で起きたアルザシウス事件に接し、そこから彼女の転機ともなる宗教改革運動の実際の活動が始まり、同時に著作活動を行うことになる。4 人の子ども（長男ゲオルゲ、次男ハンス・ゲオルク、三男ゴットフリート、長女アポロニア）の教育は、夫が生きている時でさえ、彼女が主導権を握り、その教育の方針は福音主義の考え方に基づくものであった。夫婦関係については、決してうまくいっているようでなかったことが、たとえば、1524 年に刊行された彼女の長い詩から判断で

---

2) フリードリヒ・ヴィルヘルム 4 世（Wilhelm, Friedrich IV.: 1493. 11. 13-1550. 03. 07）は、16 世紀のバイエルン公（在位：1508-1550）。アルブレヒト 4 世とクニグンデ・フォン・エスターライヒの長男。一時、弟のルートヴィヒ 10 世とバイエルンを共同統治していた。父が長子相続を取り決めたことにより、1508 年の父の死後に遺領を単独相続したが、弟のルートヴィヒ 10 世が共同統治を主張し、1516 年にランツフート、シュトラウビングを共同統治領とした。宗教改革にはじめは同情を示していたが、やがてカトリックに転向、ザルツブルク大司教と提携してドイツ農民戦争を鎮圧した。また、ボヘミア王位を主張してハプスブルク家と対立したが、1534 年、フェルディナント 1 世とリンツで和睦した。1545 年にルートヴィヒ 10 世が死去したため、改めてバイエルンを単独統治することになった。シュマルカルデン戦争ではカール 5 世（フェルディナント 1 世の兄）の下で戦った。

きる。その詩のなかで、たとえば、彼女が家庭の務めを行っていないとか、カトリック教会に忠誠を誓っている夫に対して、彼女が愛と尊敬を示すことを怠っているなど、相当激しい非難を受けていたようであり、それに対して彼女も、怒りをこめて論駁している。にもかかわらず、「神が夫に対してのふるまい方を私に教えてくださいますように」[3]という弱気な一文があったり、また彼女の従兄、アダム・フォン・テーリングに宛てた書簡のなかでは、夫が彼女のなかにあるキリストを圧迫してきたとも訴えていたりしている。

ところで、注目すべきことは、アルギュラが自由に福音主義を支持し、抵抗運動が行えたのは、非常に限られた期間であったことである。彼女が執筆活動をやめたちょうどそのころ、農民戦争が勃発し、ドイツ国内が混乱のなかにあった。1530年に夫グルムバッハは亡くなるが、1533年に彼女はボヘミアに土地をもっているカウント・フォン・シュリックと再婚した。しかし、1535年に彼も亡くなり、彼女はグルムバッハ家の不動産管理に四苦八苦し、経済的に困窮するなか、1539年に長女アポロニアと長男ゲオルゲが、1544年に次男ハンス・ゲオルクが亡くなるという不幸に見舞われた。さらにアルギュラにとって衝撃的な状況は、1546年におけるルターの死、また同年からシュマルカルデン戦争が始まり、福音主義側の敗北に終わることになり、1552年のパッサウ条約を経て1555年アウグスブルク宗教和議が行われたことである。彼女自身は1556年ないし1557年に亡くなったとされる[4]。

---

3) Matheson（1995), p. 145.
4) これまで、彼女が亡くなったのは1554年説と1560年代説があったが、しかし、1556年に彼女がカテリーナ・メーレリン宛てに法律上の争いを言及しており、1557年にヴィルヘルム公宛てのカテリーナの書簡にはアルギュラを「故アルギュラ」と記していることから、彼女が亡くなったのは1556年もしくは1557年とみなされる（Matheson 2010, pp. 25-26）。

3 アルギュラ・フォン・グルムバッハによる
宗教改革運動への実践と思想

アルザシウス・ゼーホーファの事件

　上記のようにざっとアルギュラの生涯を見たが、ここで、アルギュラが実際に宗教改革運動家として活動することになったアルザシウス・ゼーホーファ事件について考察しよう。この事件は1523年に彼女がヨハン・エック[5]率いるインゴルシュタット大学の神学部の教授陣に公開討論を申し出たことに始まる。15世紀後期にはインゴルシュタットは宗教的ヒューマニズムの影響を受け、また他のドイツの都市や町と同様、ルターの著作が入ってきていた。しかし、インゴルシュタットの大学や行政機関はカトリック教会信奉者の勢力が強く、また特に贖宥状論争以来、ルターの論敵でありつづけ、大学学長代理で、教皇庁書記長であった神学教授ヨハン・エックは、神学部だけでなく大学全体に大きな影響力があった。当時、大学側はルターの運動を警戒し排除しようとしていた。具体的には、聖餐は二種に分けるべきだと主張したインゴルシュタットのフランシスコ修道会管区長が弾劾されたり、書籍販売者たちはルターの著作を持ち込んだかどうかを組織的に調べられたりした。また大学関係者らはみな、異端思想を審問され、宗教改革思想を持つ者は弾劾された。

　以上のような背景のなかで事件は起こった。アルザシウス・ゼーホーファは、1503年頃ミュンヘンに生まれた富裕市民の息子で、インゴルシュタット大学とヴィッテンベルク大学で学んだ。当時、ルターはローマ教会から破門宣告が下され、1521年、皇帝カール5世に帝国追放刑を言い渡され、ザクセンの選帝侯フリードリヒの保護のもと、ヴァルトブルク城に隠れていた。ゆえにアルザシウスはヴィッテンベルク大学では、ルターの協力者とし

---

5) ヨハン・エック（Johann Maier, Eck: 1486-1543）は本名をマイヤーといい、1486年に、エッグ・アン・デア・ギュンスに生まれ、1543年にインゴルシュタットで亡くなっている。彼は当時のドイツでドミニコ派を代表し、1519年のライプチッヒ討論ではルターと論戦した。

て働いていたメランヒトンのもとで、信仰による義の福音を学んだ。またアルザシウスは、当時ルター不在のなか、ヴィッテンベルク大学の急進的改革と市政の改革に指導的な役割を果たしていた過激派のカールシュタットの影響も受けたようである。彼はヴィッテンベルク大学においてローマの信徒への手紙とコリントの信徒への手紙の講義に出席し、ヴィッテンベルクから持ち帰った荷物にはたくさんのルターやメランヒトンの著作があった。このとき、18歳だったアルザシウスは、インゴルシュタット大学で学ぶことを辞めようと思っていたが、彼の家族が大学に籍をおくことを勧めたことにより、大学に在籍し続けた。その後、彼は学位をとり、そのまま大学で教え始めていた。1472年にランツフート公ルートヴィッヒ9世によってバイエルンで最初に創設されたインゴルシュタット大学は、1502年に新設され、ルターやメランヒトンらの改革思想をもった教授群を主軸としたヴィッテンベルク大学とはまったく異なり、伝統を重んじ、既述したようにルターの不倶戴天の敵で彼を弾劾したヨハン・エックが実権を握っていた。このようなカトリックの牙城のような大学で事件は起こったのである。アルザシウスは、大学でパウロ書簡の講解を行ったのであるが、それがルター的解釈だったために、大学側から異端の嫌疑をかけられることになる。彼自身、大学で取調べを受けると同時に、彼の宿舎も家宅捜索された。彼の自宅からヴィッテンベルクから持ち帰ったメランヒトン、ルターの著作が発見され、彼は3度投獄された。しかし次に司教に宣告されれば、火刑になるところだったところを父親のたっての頼みによって、その難を免れ、バイエルン公と大学が彼の責任をとるということになった。大学側の神学委員会はアルザシウスの過ちを17か条のリスト[6]にして、彼に突きつけた。最後に大学と裁判所は一体となって彼が誤りを認め、ルターの教えを放棄すれば火刑は免じて、修道院へ監禁するという妥協案を出し、彼はそれに同意した。すなわち、アルザシウスは火刑を恐れるあまり、公にその所信を撤回し、手を福音書におき、恥ずかしさのあまり涙を浮かべて自分の過ちを言い、公然と福音主義の思想を捨てることを誓い[7]、このような寛大な処置に対して、大学当局に感謝を述

---

6) Matheson (1995), pp. 91-93.

べたという。その後、彼は沙汰を待つ間、人里はなれた修道院に監禁された[8]のであった。

このアルザシウス・ゼーホーファ事件が、アルギュラを宗教改革運動のなかに直接、巻き込むきっかけになった。まず、彼女はアルザシウスが所信撤回を強制されたことを知り、直ちに福音派の牧師であるアンドレアス・オジアンダー[9]の意見を尋ねにニュルンベルクへ出向いた。この時、この事件に

7）アルザシウス・ゼーホーファによる無効にされ否認された条項。

　ミュンヘンの市民であり、文学修士である私アルザシウスは、私が私自身の手で書いたこの書き物によって、私が手に持って告白する聖なる聖書によって誓い、そして、これによって、名高いインゴルシュタットの大学の学長と評議委員会と大学の全共同体であるあなたがたの前で、私自身の口で読み、宣言する。

　私はこれまで、ルター派の誤った異端の考えとさまざまな罪に関わっていて、神を冒瀆する者と疑われてきたが、すなわち、私はそれを教え、書き、支持するという多くの方法で、広めてきたし、また、ドイツ語に全力を尽くして翻訳した。そして、結果として、大学の学長や評議委員会に、その罰を待つため、投獄された（異端の擁護者たちが普通法で罰せられるように）。しかしながら、私は特別な命令と、高貴な生まれの君主や貴族たち、すなわち、兄弟であり、パラティンの伯爵である、ヴィルヘルム伯やルードヴィッヒ伯という彼らの卓越した親切な好意により許されたのである。そして、この恐ろしい罰は取り消されたのである。もし私が今、詫びて告白するなら、私のあやまちを無効にすると。だから、私はこれによって、私のとった講義のなかでのフィリップ・メランヒトンの書いたものから読んできたものみな、また、私が話し、あるいは書いてきて、大学の書記によって読んできたものはみな、最も恐ろしい主なる異端で不正行為であったと、告白し、また、神聖である教皇や帝国の皇帝や私の最も尊敬すべき君主たちによる禁令に従って、私は決して再び、それに固執したり、利用したりしたくはない。しかし、──敬虔なるキリスト者にふさわしいように──聖なるローマ教会や聖なる評議委員会によって非難されたり、規定されたものをすべて信じたいし、私たちの親切な君主たちによってするように命じられることなしに、身も心も、エッタル修道院を離れず、行きたいのであって、それで、私はルターの思想を読むことも広める望みも持っていないのである。全能なる神よ、私を助けたまえ（Matheson 1995, pp. 93-94）。

8）アルザシウスは修道院に監禁されたが、脱走してヴィッテンベルクへ逃れた。以後、プロイセンで牧師となり、唯一の著書『福音書注解』を1539年に執筆した。最初の説教学の手引きといわれている。1542年に亡くなっている。

9）オジアンダー、アンドレアス（Osiander, Andreas: 1498-1552）は、ドイツの宗教改革者、ルター派神学者。バイエルンに生まれ、インゴルシュタットで学んだ。ケーニヒスベルク大学の教授となり、牧師を兼任した。彼は贖罪論的でなく、神秘主義的であり信仰によって義とされるのはキリスト自身が罪人のなかに宿ることにより、またその神性にのみよると論じた。彼の説に対してメランヒトンその他のルター派の宗教改革者たちが赦罪を軽視するものであるとして反対した。

対してオジアンダーがなにもよい策を講じてくれなかったことによって、彼女は義憤にかられて、彼女自身がインゴルシュタット大学へ異議申立ての公開書簡を書いたのだった。この公開書簡の写しは、もう一通の文書が添えられてヴィルヘルム公のもとに送られた。それはヴィルヘルム公に宛てたものであったが、しかし行政官にも読んでもらうための文書だったのである。なぜなら、ヴィルヘルム公の文書には、ゼーホーファ事件への異議申立てのほか、聖職者による財政的搾取と不道徳な行状とを弾劾したものも挿入されていたからである。

アルギュラに影響を与えたルターの改革思想

マルティン・ルターが95カ条の提題を示した数年後、彼の宗教改革運動のメッセージを真剣に受け止め、それを具現化した一人がアルギュラであると考える。インゴルシュタット大学で起こったゼーホーファ事件以前の1519年に、ルターの説が異端と判定される最初の重要な論争がライプチヒで行われ、これはインゴルシュタット大学のエック対ヴィッテンベルク大学のルターの論争となった。この時、エックはローマ教皇をキリストの代理者として崇拝することを言明した。この論争ではエックが成功をおさめ、ルターはこれより、異端者として火刑に処せられたボヘミアの宗教改革者フス同様、異端に属することが判定された。しかし、ドイツ国民の大部分はルターを支持した[10]。彼は大学へ戻り抗議を続け、立て続けに多数の論文や著作を公刊したが、ルターの著作は民衆に広く読まれた。アルギュラも熱烈な読者の一人であったと想像される。

アルギュラに強く影響を与えたルターの思想であるが、その思想は彼が修道院に入り、厳しい修行生活を送り、その生活のなかで自分自身の邪悪さに苦悶するなかで、キリスト教の根本精神、福音の再発見をしたのであった。それは、まず、人間が罪から救われるのはカトリック教会の奨める善行によるものではなく、ただイエスによって示された神の愛を信ずる信仰のみによって与えられるとし、聖書の精神をくみとることが重要であるとする聖書中

---

10) 松田（1979）、27頁。

心主義を唱えた。一平信徒であるアルギュラによる、カトリック教会、インゴルシュタット大学、インゴルシュタットの行政当局、皇帝への異議申立ては、ルターが説く信仰義認と、聖書中心主義、万人祭司主義に共鳴した彼女がその教えに根ざした真の信仰を忠実に実行しようと試みたものといえよう。ルターはライプチヒ論争を経て、1521 年に教皇レオ 10 世から破門された。アルギュラの運動はまさにルターの改革運動発展の高まりのなかで起こったものである。そして彼女が起こした運動の終結は、ルターの運動が大きく変わっていく 1524 年の農民戦争勃発当時に終わっている。そもそも、アルザシウス事件勃発当時から、ドイツ国内は、社会的、政治的な不安、動揺が広がっていた。1522 年から 1523 年にかけて騎士たちが大諸侯に対して、没落しつつある自分たちの地位を防衛するために反乱を起こした。また、農民たちは農奴制廃止、封建地代軽減など「十二カ条の要求」を掲げ、再洗礼派ミュンツァーらの指導のもと、ドイツ農民戦争を引き起こした。一連の問題は宗教改革運動の流れのなかにあり、ルターの意図とは違うものだったとしても、明らかにルターの思想の影響を蒙っていた。たとえば、帝国騎士の隊長ジッキンゲン（1481-1523）やフッテン（1488-1537）はルターの教えに心を惹かれていたし、農民たちも宗教改革思想の影響を受けて、神の与えた権利に基づき、ローマ・カトリック教会に対する十分の一税の拒否に始まり、神から与えられた権利として変革を要求したのであった。自ら「農民の子」と称していたルター自身はこの農民戦争に対してはじめは農民を支持したが、反乱が領主制変革を目指して急進化すると、領主に武力鎮圧を進言し、農民の不信を買うようになった。

　ルターは世俗の価値を宗教改革によって発見し、修道士から一般市民へと方向転換したが、その根底にはキリスト教徒であることに関する徹底した平等主義的な考えがあった。このルターの考えを忠実に受け入れ、アルギュラは不正、不義、不公平、不信仰に対して勇気をもって堂々と公に異議を申し立て、それまで一般女性は公の場では沈黙すべきというタブーを破ったのである。ルターはたとえば、ガラテヤ書講義において「この世界においてまた、肉に従えば、人々に関して大きな違いや不平等があるし、しかもそれは大いに熱心に遵守されなければならない。女が男になろうと思ったり、息子

が父親になろうと思ったり、弟子が教師になろうと思ったり、僕が主人になろうと思ったり、臣民が支配者になろうと思ったりしたら、社会的な身分やその他のことどもすべてにおいて、無秩序と混乱とが生じるであろう。これに反して、キリストにあっては律法がないのだから、人々の区別もなく、ユダヤ人やギリシア人といった区別などもなく、すべての者が一つである」[11]と説き明かしているように、福音によってすべてのキリスト者は兄弟姉妹となるように自由を得ており、他の人々に対して一人のキリストとなる能力を与えられた存在であると主張した。この義認に根ざした徹底的な平等主義的万人祭司説によって、ルターは聖職者とそれより下の身分としての一般信徒との間に横たわる、神との関係における質的な区分を一掃した。こうした立場を、ルターは、1520年の『キリスト教界の改善についてドイツ国民のキリスト教貴族に与う』でも「……私どもはみな司祭であり、みなが一つの信仰、一つの福音、一つの秘蹟を持っておるのであります」[12]と述べているが、当然、アルギュラもこの著書を読んでいたと思われる。ここにルターの平等観に根ざした改革思想の普及によって、アルギュラをはじめ、多くの一般信徒によってさまざまなかたちの抵抗運動が展開したと解せよう。

アルギュラのルターの思想の受容と実践

　ここで、アルギュラのルターの思想を受け入れ、それをどのように実践していったかを考察するために、実際のアルギュラのゼーホーファ事件に対するインゴルシュタット大学の教授会へ宛てた痛烈な抗議文の概略（全訳は本書第1部1に掲載）を示しておきたい。

　「高名にして、誇り高く、家柄もよく、博愛で、気高く、たくましいインゴルシュタット大学の学長と教授会のみなさまへ。

　あなたがたが、アルザシウス・ゼーホーファに対して、投獄か、火刑かをもって脅かしてその神学の撤回を迫るようなことをされたと聞き、私の心も体も震えました。ルターやメランヒトンが教えたのは、神の言葉以外のなん

---

11) 松田（1979）、507-508頁。
12) 松田（1979）、94頁。

でしょうか。みなさんは、彼らを罪あるものとなさいます。しかし、その理由を正々堂々と論じようとはなさいません。いったい全体、聖書のどこに、キリストや使徒たちや、預言者たちが、だれかを投獄したり、追放したり焼き殺したり、殺害したと記してあるでしょうか。

　私たちは、行政官に従わなければならないと、いわれています。そのとおりです。しかし、教皇、皇帝、君公たちといえども、神の言葉に対しては、なんの権威もないはずです。

　キリスト者でなかったアリストテレスをもとにしてつくられた教皇教書によって、神や預言者や使徒を天からひきずりおろすことができる、などと考えないでください。パウロが、女は教会で沈黙すべきである（テモテの信徒への手紙一の2章2節）と言っているのを知らないわけではありません。しかし、男性がだれも発言しようとしないし、できないとなれば、私は主の次の言葉に動かされるのです。『一人の前でわたしを受け入れる者を、わたしもまた、天にいますわたしの父の前で受け入れるであろう。しかし、人の前でわたしを拒む者を、わたしも天にいますわたしの父の前で拒むであろう』（マタイによる福音書10章32〜33節）。預言者イザヤの言葉は、私を慰めてくれます。『わたしは幼子を送って、あなたがたの民とし、女たちはあなたがたを治める』（イザヤ書3章12節）。

　みなさんは、ルターの全著作を抹殺しようとしておられます。それならば、彼が訳した新約聖書をまず抹殺しなければなりません。ルターとメランヒトンのドイツ語の著述に、私は、なんら異端的なところがあると思いません。シュパラティーン[13]は、ルターの全著作リストを送ってくれました。たとえルター自身がその言説を撤回するようなことがあっても、彼の説が神の言葉であることにかわりはありません。

　私は、喜んでみなさんのところに出向き、ドイツ語で討論したいと思います。そのとき、ルター訳の聖書をお使いにならなくても、けっこうです。41

---

13) シュパラティーン（Spalatin, Georg: 1484-1545）は1516年以来、宮廷顧問官として教会と大学の問題を担当し、ルター、メランヒトンとともに大学改革にあたった。1525年牧師となり、1528年アルテンブルクの教区長となった。領邦君主統合の新しい教会組織の形成に尽力、ザクセン教会と学校を熱心に巡回して歩いた。

年前に訳された版［1483年のコベルガー版］をお使いください。みなさんは、知識の鍵をもっておられ、天国の門を閉じることができるのです。にもかかわらず、みずから敗北を招いておられます。この18歳の青年に対してなされたことは、たちまち、私どもや、他の町々に知れ渡ったので、そのうちに全世界に知れるでしょう。

　主はアルザシウスを赦されるでしょう。主を否定したペトロを主は赦され、投獄や火刑をもって罰せられなかったからです。この青年はすばらしい益を与えるようになるでしょう。

　私がこう申し上げているのは、女だてらにお説教を述べたてているのではなく、神の言葉を伝えたいからです。キリストの教会の一員として訴えたいからです。地獄の門も、この教会に勝つことはできません。もっとも、ローマ教会なら話は別です。神が恵みを私たちに与え、私たち一同を祝してください。アーメン」[14]。

　以上の文面からまず、「ルターやメランヒトンが教えたのは」とあり、明らかに彼女がルターの教説を支持していることがわかる。次に「教皇、皇帝、君公たちといえども、神の言葉に対しては、なんの権威もないはずです」という指摘から、聖書の言葉を最重視し、他方、人間の権威、すなわちローマ・カトリック教会や行政官の権威に対して公然と異議申立てをしていることがわかる。この考え方はルターが『この世の権威について人はどの程度までこれに対して服従の義務があるか』やその他の宗教改革著作においてキリスト者が権威や戦争や抵抗について取るべき姿勢とその基本を明らかにしている点に呼応しているとみなせよう。特にルターは抵抗権を問題にするとき、「人に従うより神に従うべきである」（使徒言行録5章29節）を典拠としていたが、彼女もまた、この聖句を基調としていた。次に彼女にとって最大のテーマである女性の公言できる権利についての理解であるが、それは「パウロが、女は教会で沈黙すべきであると言っているのを知らないわけではありません。しかし、男性がだれも発言しようとしないし、できないとなれば、私は主の次の言葉に動かされるのです」という主張から、彼女がルタ

---

14) Matheson (1995), pp. 75-90. の要約である。

1　ルター時代の女性宗教改革者アルギュラ・フォン・グルムバッハの自由と抵抗についての一考察　　*111*

Matthes Maler 発行の「インゴルシュタット大学宛ての書簡」
（1523 年刊）の表紙の木版画（Matheson 2010, p. 59 より）

ーによるキリスト者の自由に基づく平等主義の解釈をもって、キリスト者は男性でも女性でも同様にキリストに公に信仰告白ができるのであるから、同様に、不正に対して男性も女性も、公の場で抗することができるのであるとの独自の解釈に至っているのである。ゆえに「私は、喜んでみなさんのところに出向き、ドイツ語で討論したいと思います」と堂々と述べているのであろう。最後に「女だてらにお説教を述べたてているのではなく、神の言葉を伝えたいからです」という箇所からも、福音によって人は他の人々に対してひとりのキリストとなる能力を与えられているとする、ルターの義認に根ざした徹底的な平等主義的万人祭司説を用いていることがわかる。

　次に、上記のようにアルギュラが信仰の自由を得て、信仰のために権威あるものに対して公に抵抗するようになったきっかけについて検討しよう。まず、すでに述べたようにヴィッテンベルクのルターの思想に感化されたことが挙げられる。ルターの教えの導入が比較的早かったインゴルシュタットは、彼女がはじめの結婚生活を過ごしたディートフルトから距離的に近かった。1522年11月から彼女の弟のマルケラスは、インゴルシュタット大学の学生として登録していたが、しかし彼女の宗教改革思想についての関心はそれよりも以前に始まったと考えられる。なぜなら、ゼーホーファ事件の起こった1523年までに彼女はかなりの量のヴィッテンベルクの宗教改革者の著作を読み、また、それらの著作を学んだうえで、聖書を改めて読み返し始め、全体として彼女のそれまでの信心や考え方を改めて構築したと思われるからである。アルギュラの宗教改革思想への傾倒はもちろん、彼女の稀にみるキリスト者としての正義感と旺盛な知識欲、そして彼女の積極性によるものであろうが、しかし、その改革思想を実践へと導くことになったのには、彼女の周辺に多くの改革思想を持った者たちがいたということが挙げられる。まず、ブルクブルムバッハにある彼女の夫の家の近くのヴュルツブルクにおいて、宗教改革思想をもった、ヤコブ・プフェッファが主任司祭であるツァイリツハイムの聖堂参事会員ヨハン・フックスと交流していた。また、早い時期に決定的な宗教改革思想の擁護者であった重要な学者であり、1521年まで聖堂の説教者であった、パウル・スペラトゥスとも交際していた。また、ルターと交流があり、お互い敬愛しあう仲であったヴィッテンベルク大

学の神学部長であったヨハン・フォン・シュタウピッツ[15]は、アルギュラがクニングデ大公妃に仕えていた時代から知己であった。たとえば、聖書の字義ではなく精神について強調したり、人ではなく、神の恵みについて強調したり、迷信についての強烈な批判をもった、シュタウピッツの著作『神の愛』(1518年) は、アルギュラの著作に実質的に影響したと考えられる。また、かなり早くから、彼女はニュルンベルクの宗教改革者アンドレアス・オジアンダーと交流し、彼女の長男と長女はオジアンダーのもとで勉強をしていた。当時のドイツの宗教改革運動のネット網の中心であった市書記であり、宗教改革運動の最も活発な平信徒の弁護者、ラザルス・シュペングラーも彼女と交流があった。彼は、アルギュラがフリードリヒ賢公の宮廷付き牧師シュパラティーンや、また、ルターやメランヒトンと連絡をとるのに仲介役をしてくれた。また、シュパラティーンを通して、ヴィッテンベルクについての情報を知ることができたり、アルギュラの著作の印刷屋を手配してくれたりした。彼女の著作に直接影響したと見られる人物には、元、フランシスコ会に所属していたがルターの感化で修道会を去り、ルターの同労者となったエーベリング・フォン・ギュンツブルク (1465-1533) や、レーゲンスブルクの町の2人の説教者バルタザール・フブマイヤー (1485-1528)、アルギュラと多くの似た記述のある『キリスト教書簡』(1523年) を執筆し、また農民戦争の綱領宣言書「十二条項」の起草者として知られているセバスチャン・ロッツァー (1490-1525) がいる。フブマイヤーは、特にレーゲンスブルクで有名な信仰復興運動の説教者である。かつてはインゴルシュタット大学の教授であり、ユダヤ人を迫害したり、1524年からヴァルツフートに福音主義を導入した、その後に再洗礼派となった人物である。

以上のように、アルギュラは多くの宗教改革者たちとの交流によって、ドイツとその周辺の宗教改革運動の動向について知りえたことは明らかである。そして、アウグスブルクの近くでの、1518年のルターとカヤタンとの

---

15) シュタウピッツ (Staupitz, Johann von: 1468-1524) はテュービンゲン、ミュンヘンの修道院長を経てザクセン選帝侯フリードリヒ賢公によって新設のヴィッテンベルク大学に招かれた。ルターと交流を持ち、彼に大きな助けを与えた。しかし彼自身の神学的基礎は中世のものであった。

対決、1519年のルター対エックのライプチヒ論争、1521年のヴォルムス国会での審問と、アルギュラはルターの活動をつぶさに聞き、知ったことであろう。また、実際に、レーゲンスブルクの年代史には、この時代のバイエルンに多くのルターの著作が持ち込まれたことや、また、それらについて討論するために数え切れないほどの非公式のグループが存在していたことが記されている[16]。

アルザシウス・ゼーホーファ事件が起こる前兆にはカトリック側の不気味な動きがいろいろとあった。ミュンヘンの裁判所は宗教改革の思想を、すべての伝統と社会秩序を破壊するものとしてみなしはじめ、1522年3月5日、ついにルターの教説を受け入れることに反対する厳しい命令を発した。インゴルシュタット自体もルターの思想に対して敏感になり、異端として弾劾するようになっていった。同年のクリスマスに、アルザシウスは、はじめての厳しい警告を大学側から受けた。彼に対する連続した告発と逮捕の後、パウロの書簡の勉強やエラスムスの『対話』を研究していたグループは、公然と彼に反対するようになった。既述のように、アルザシウスの逮捕に続いて、家宅捜索によって、有罪を示す証拠物件が摘発された。その逮捕について、彼の親族だけではなく、大学の同僚やギルドたちも、かなり抗議した。しかし逮捕に対するさらなる波はこの勢いを削いだ。バイエルンのヴィルヘルム公は、宗教的自覚は強くなく控えめな改革を歓迎し、ルターの改革思想を、国家形成のプログラムを乱すものであり、また、皇帝や教皇との同盟を強固にすることへの脅威とみなした。インゴルシュタット大学の神学委員会はアルザシウスの過ちを17か条のリストにして、その過ちは直接、メランヒトンの教説から引き出したものだと結論した。そしてアイヒシュテッテの司教の介入を防ぐために、大学と裁判所はひとつの妥協案に同意した。その妥協案とはすなわち、もしアルザシウスが、17か条を放棄すれば、遠いエッタル修道院に監禁することで彼の罰は減じよう、というものだった。同年9月7日、全大学関係者の前で、アルザシウスは、涙ぐみながらその思想を取り消し、将来にわたってルターの思想の一切を避けることを、手に新約聖

---

16) Matheson (1995), p. 13.

書を握りしめながら誓ったのであった。これ以降、プロテスタント側の不満は続き、特に、印刷屋や書籍販売業者たちは、カトリック側に対して軽蔑をあらわにし、たとえば、個人へのミサや、マリア崇拝や聖人崇拝を非常に軽蔑したが、当局側はこれらのことを阻止しようと努めた。

アルギュラは、疑いもなく、この事件の裁判が世論操作のためのものだと判断した。彼女がそのような判断をしたのは、この事件を彼女が弟マルケラスからすでに聞いていたオランダやハンガリーで起こっている迫害の状況の一部として受け止めたからであった。この危機のときに、彼女は居ても立ってもいられず、幼い子どもたちと一緒に、ニュルンベルクの宗教改革者、アンドレアス・オジアンダーのところへ助言を求めて旅行したのだったが、すでに記したように、彼からは適切な意見が得られなかった。そこで、彼女は同年9月20日にディートフルトに戻り、インゴルシュタット大学宛てに非常に率直で有効な書簡を作成し急送したのだった。それは彼女の著述のなかで最も成功したものであり、この書簡とゼーホーファ事件の全容、彼の17の過ちのリストと彼の所信撤回の誓願、そして序文と結語を載せたパンフレットは、印刷屋を通じて発行され、2ヶ月足らずで14刷に達したのだった。これは当時、いかにこの事件とそれに対する彼女の抗議に多くの人が関心を持っていたかを示している。アルギュラは大学に宛てて手紙を書いた同日の9月20日に、第二の書簡をヴィルヘルム公にも送っている。

インゴルシュタット大学の神学者たちによる彼女に対する言論攻撃の激しさは増すばかりであった。たとえば、インゴルシュタット大学のカトリック側の神学者ゲオルゲ・ハウワー博士は説教のなかで、アルギュラを「鼻持ちならぬエバの娘よ、異端の性悪女よ、呪われるべき悪魔よ」とののしり、「苦痛のない出産をしたマリアと比較して、おまえは子を産むとき、天使たちにではなく、金切り声をあげる女性たちに囲まれ、多くの苦しみと弱さを持つ哀れな女だ」と中傷した[17]。また彼女に対する当局の弾劾もかなりのものだった。ヴィルヘルム公への書簡から約1ヶ月後に書かれた「インゴルシュタット議会宛ての書簡」には、彼女が死の脅威のただなかにあり、助けを

---

17) Matheson (1995), p. 19.

求めていることがわかる。インゴルシュタット大学ではバイエルン公にアルギュラのことを報告し、バイエルン公はアルギュラの監督を夫に任せ、また以後、彼女が抗議文書を書かないように彼女の指を切り落とすように命じた。アルギュラの夫は彼女の一連の行為によって行政官としての職を辞し、そのために彼女につらく当たるようになったようである[18]。この後、彼女は迫害を恐れ、またお互いに理解し合えない夫と距離をおくためディートフルトを離れ、インゴルシュタット近くのレンティングに居を移し、その後、ヴュルツブルク近くのブルクブルムバッハで過ごした。この間、アルギュラはルターと文通したが、ルターは彼女を心から励ました。彼は彼女について、「バイエルン公は度を越して怒り狂っており、あらんかぎりの力を持って福音をなきものにしようと迫害しています。あの最も気高い女性であるアルギュラ・フォン・シュタウフェンはバイエルンの地で偉大な精神を発揮し、大胆に発言しています。キリストが勝利されんことをすべての人が祈るべきです。インゴルシュタット大学がアルザシウス・ゼーホーファという青年に彼の信仰を撤回することを強制したので、夫人はこの大学を非難したのです。彼女に暴君ぶりを発揮している夫はその職を追われました。彼がどのようなことをするのかはだいたい見当がつきます。これらの怪物に取り囲まれて夫人はただ一人で堅く信仰を守っていますが、内心では恐れおののいていると漏らしています。夫人は特別なキリストの器です。キリストがこの弱い器を用いて、権力を誇る権威者どもを狼狽させ給うことを信じて、夫人を支援します」[19]と述べている。

　1523年の秋、帝国議会がニュルンベルクで開かれ、プファルツ伯はその議会にアルギュラを招いた。彼女はそこでプロテスタント史上のロビイストの一人として、諸侯たちが宗教改革運動に対して中立の立場をとるのではなく、この運動に積極的に参加するように呼びかけた。さらに彼女はプファルツ伯に対して、この世の権力を恐れることなく、真理を証しするように求めた。また、彼女はフリードリヒ賢公宛てに、「神が苦しんでいる人々に熱心

---

18) Matheson (1995), p. 20.
19) Matheson (1995), p. 21.

に御言葉を宣べ伝えている人を強め、キリストを新たに十字架につけている異教徒の司祭を押さえつけるように」と記している。さらに、彼女の従兄で高位に就いているアダム・フォン・テーリングが、彼女の風評を聞いて、彼女に対して非常に不快で迷惑に思っていることを知って、彼に宛て書簡を送った。彼女は「私はルター派と言われています。そうではありません。私はルターの名によってではなく、キリストの名によって洗礼を受けたのです。しかし、ルターが真のキリスト教徒であることを私は言明します」[20]と自分の信仰を証しするとともに「夫は私の内なるキリストを大いに迫害しています。この点において、夫に従うことはできません」[21]とはっきりと、信仰の自由について述べている。そして保守的で権威主義の従兄に対して恐れることなく「死ぬ前に福音書を読むように」と勧告さえしている。

他方、インゴルシュタット大学では、1523年11月に学生はルターの教説を主張してはならないことを決定し、この決定により、インゴルシュタットは公に反宗教改革運動の中心都市となっていった。アルザシウス事件に関連して、1524年4月11日に、大学側はさらに、キリスト教徒の自由、信仰、希望、愛についての討論会を企画したが、福音主義者らは思想弾圧を恐れて、これに出席しなかったため、結局、この企画は失敗に終わった。

5月にはレーゲンスブルクで国会が開かれ、そこでルターに対してヴォルムス勅令を行使することが議された。アルギュラはレーゲンスブルクの議会に宛て、彼らがサタンに唆されて神の言葉に反して権力を行使しようとしているとして、侮辱を覚悟で抗議すると述べた。

その年の初夏、インゴルシュタット大学の学生で、ヨハネスと名乗る匿名の者から、詩の形式で、アルギュラに対して挑戦があった。彼によれば、アルギュラは、女だてらに恥知らずで、恐れることもなく、博士であるかのように意見している、と中傷した。そして彼女の意図は、聖書を用いて純真な人々をだますことだとした。ゆえに、彼女が評判を回復し、自分の生活を守りたいなら、家庭内の役割にだけ専念すべきだと意見したのだった[22]。これ

---

20) Matheson (1995), pp. 108-109.
21) Matheson (1995), p. 144.

に抗して、彼女は匿名の学生に対して、公の場に出て正々堂々と討論するように申し出ると同時に、彼の勇気の欠如を、彼女も詩の形式で指摘して応戦した[23]。1524年7月6日に、ついにインゴルシュタットではヴィッテンベルク大学で学ぶことが禁じられた。同年の秋、アルギュラは、自身の考えを詩のかたちで発表した。これは彼女の最後の出版となったが、彼女の思想の発展にとって重要なものと考えられる。彼女はこの詩において、猛攻撃を受けたようである。しかし彼女は常にキリスト者としての自由をもって正々堂々と、挑戦してくる者に対して真摯に立ち向かった。彼女が本当に強いのは、論戦において、常に揺らぎのない聖書から答えを見つけ、述べることであったと考えられる。

　最後の詩を刊行した1524年以後、アルギュラは執筆していない。彼女の沈黙と同時に、当局のプロテスタントに対する警戒と検閲はますます強まり、ゆえに、パンフレットの攻勢も不可能となったと考えられる。彼女は悪評の嵐にも関わらず、耐えていた。しかしながら、カトリック勢力の強いバイエルン地域に関するかぎり、宗教改革に対する彼女の高い期待は棄てなければならなかったのであろう。執筆を断念しなければならなかったのは、外的要因とともに個人的要因が考えられる。外的要因については、これまで述べてきたようにインゴルシュタット当局側からの弾圧や、他方、1524年6月に勃発したドイツ西南部の伯爵領における農民戦争にも大きく関係していたとみられる。また、個人的理由としては、福音主義者たちのたくさんの著作を購入する費用、福音主義者の元へ助言を求めにいく旅費や急使を雇う費用、帝国議会までロビイストとして訪問する費用など、宗教改革運動を一個人で支援し続けるには、あまりにも多額の出費であったであろう。さらに、生活費はもちろん、4人の子どもたちにかかる養育費や学費、そして不動産の管理に関わる費用など、彼女の家計は財政的に非常に苦しくなっていたのも事実であろう。さらに、夫の失職、夫の死などもあり、個人的に苦しく困難なさまざまな要因があったと考えられる。

---

22) Matheson (1995), p. 22.
23) Matheson (1995), p. 22.

4 アルギュラによる宗教改革運動の意義

　最後に、アルギュラによる宗教改革運動の意義について考えてみよう。まず、彼女の運動は当時の人々に支持されたという点に意味があると考える。彼女は、八つの宗教改革文書を刊行したが、農民戦争前にそれらは2万9000部出版されたという。また、最初に書かれた「インゴルシュタット大学宛ての書簡」は14刷にもなったという[24]。すなわち、男性の宗教改革者たちと異なって、ラテン語の知識もなく大学教育も本格的な神学教育も受けていない平信徒で、女性であるということは、決してハンディにはならなかったのである。聖書のことなら、インゴルシュタット大学のすべての教授よりも精通していると彼女自身、断言している彼女の文書はおそらく、当時の一般大衆にはわかりやすく、また特に女性に支持されることによって多くの読者に読まれたのであろう。彼女の提示した問題は同時代の、特に多くの女性たちが共感し、無数の声なき人々の意見を代弁していたのではないだろうか。すなわち、彼女が各文書で述べた、聖書の自国語の使用、聖書の至上主義、万人祭司主義、聖職者の責任、モラルと教育改革の必要の提示は、当時、強く求められていたものだったと解せる。彼女はヴィルヘルム公への書簡のなかで、「教皇は悪魔の勧めに従って、司祭や修道士の結婚を禁じています。あたかも僧衣をまとえば貞潔の徳が与えられるかのように、です。そうして、教皇は教職者の私生児から税金をとりたてているのです。ある司祭は年に800フローリンもの俸給を受けて、1年に一度も説教しないのですから、罰がくだるのも当然です。清貧の誓いをしたはずのフランシスコ修道会士たちでさえ、やもめの家を食い物にしています。司祭、修道士、修道女は盗人です。神がそう言われるのであり、私もそう言明します。ルターがそう述べたとしても、それは事実なのです。恵み深き君候たちよ、主イエス・キリストの羊の群れをおもんぱかってください。彼らは金銀ではなく、主の尊い血潮によって贖われているものです」[25]と記し、聖職者による財政的搾取

---

24) Matheson (1995), p. 2.

と不道徳な行状とを弾劾している。農民戦争前夜においてトマス・ミュンツァーが「神の国をこの世に実現しよう」と農民たちを率いて戦うようになったことからみても、当時の人々——男性のみならず女性も——が社会変革を強く求めていて、ゆえに女性という弱い立場であるにもかかわらず、迫害を覚悟のうえの決死の呼びかけはドイツ人全体の共鳴を獲得するものだったと考えられる。

　第二の意義は、女性が公言できることの示唆である。彼女は大学の学者、行政官、諸侯という権力をもつ男性権威者たちへはっきりと自分の意見を述べることができた。しかし、彼女もまた、聖書のなかでパウロが語っている「女性は男性に従うべきで教会で話をすべきではない」という警告に縛られ苦闘していた。しかし、アルギュラはすでに述べてきたように、ルターのキリスト教徒の自由に基づく徹底的な平等主義の教説に触れ、また、聖書のなかのデボラ、エステルらの戦闘的な女性たちとマリア、マルタ姉妹らの奉仕と慈愛に満ちた女性たちを味方につけた。そしてついに、マタイによる福音書10章32、33節の「だから、だれでも人々の前で、自分をわたしの仲間であると言い表す者は、わたしも天の父の前で、その人をわたしの仲間であると言い表す。しかし、人々の前で、わたしを知らないと言う者は、わたしも天の父の前で、その人を知らないと言う」という聖書箇所に出会い、公の場での発言は男女に与えられている平等のものであると解したのであった。彼女は、平信徒の女性たちに、正々堂々と公に異議申立てできる——抵抗することができる——新しい機会を示し、女性たちの宗教改革運動への参加を呼びかけることに貢献したのである。

　第三の意義は、上記の女性の公言できる権利に関連するが、権威ある者に対して一般の女性も抵抗する権利をもつことを実践したことである。彼女の関心は教会の改革にあるのではなく、明らかに魂の救いにあった。彼女が、大学や行政官など上に立つ者へ言論を通して抵抗することができたのは、キリスト信仰者という立場においては、みな平等であると解したからである。そして彼女は、世俗の権威に、当然、敬意を払う一方、いかなる統治者も、

---

25) Matheson (1995), p. 145.

行政官も、神の国を侵害することはできないとする一貫した姿勢をとった。彼女は「ルターやメランヒトンはあなたがたに神の言葉以外に何を教えたというのでしょうか？ あなたがたは、彼らと議論もせずに彼らを非難なさいますが、キリストがあなたがたにそのようにお教えになったのでしょうか。あるいは、使徒たちが、預言者が、福音書の書き手がそのように教えたのでしょうか？ そのようなことが書かれているというのなら、それを私に示していただきたい。立派な聖書学者であるインゴルシュタット大学の神学者のみなさん、あなたがたは聖書の中に、キリストや使徒たちや預言者たちが、だれかを投獄したり、火炙りにしたり、殺害したり、あるいは追放したりしたなどという文言を見つけることができましょうか？ あなたがたは、マタイによる福音書10章で主がこう言われているのをご存知ないのでしょうか。『あなたがたの身体を奪う者を恐れるな、その者の力は終わりになるから。しかし、魂も身体も地獄で滅ぼすことができる者を恐れなさい』」と述べて、教皇、皇帝、君公たちといえども、神の言葉に対しては、なんの権威もないことを示す[26]。すなわち、彼女は聖書を根拠に、女性も世の不正に対して異議申立てできるという提言を、言葉だけではなく、彼女自らが実践したことに意義がある。

5 結語

これまで、アルギュラ・フォン・グルムバッハが、いかにルターの改革思想を吸収し、それを彼女独自にいかに具体化したかを考察してきた。すなわち、それまでの教会が教え説いていなかったキリスト者の「自由」と「平等」という、ルターの教説に触れたアルギュラが、実際、インゴルシュタット大学において起きたルター派の一人の若者が神学的見解を強制的に撤回させられた事件をきっかけに、聖書研究を通して、女性も公で抗議することができるという解釈をしたうえで、自らが立ち上がり、カトリック教会を信奉する大学に対して、またローマ・カトリック教会に対して、議会に対して、

---

[26] Matheson (1995), p. 76.

その他公の権威に対して、また私的には彼女の夫に対して、文書と論駁という手段をもって、不正、不義、不信仰に抵抗し、宗教改革運動を実践したことを考察した。彼女の異議申立ては当時、センセーショナルなものであったことは疑いもないことである。アルギュラの宗教改革文書を考察することは、当時の人々の宗教改革運動に関する関わり方や権力者側の反応、また当時の女性の役割についての考え方を、生き生きとした証言として触れることができ、非常に意義あるものであるといえよう。しかしながら、アルギュラの活動が非常に短期間だったことは残念なことである。インゴルシュタット自体はカトリック教会側の牙城となっていく反面、ドイツ国内は、農民戦争へと向かい、行政官をはじめ、上に立つ権力者が一般大衆である農民を力で制し、国中が大混乱の事態となっていき、また個人的にも財政的困窮となり、ここに歴史の限界やアルギュラという個人の限界を考えさせられる。しかし、ルターの教説に学び、それを生の現実における課題として真摯に受けとめ、自らの信仰の証しとしてそれを実践しようとした16世紀初期のアルギュラ・フォン・グルムバッハというひとりの女性の生き方に、現代人も学ぶところが大いにあるのではないだろうか。

[一次文献]

Wie eyn Christliche//fraw des adels/in Beiern durch//jren jn Gotlicher schrifft/wolgegründ//ten Sendtbrieffe/die hohenschul zu Jngold=stat/vmb das sie einen Euangelischen Jung//ling/zu wydersprecchung des wort//Gottes betragt haben//straffet.（Nürnberg: Friedrich Peypus 1523）7 Bl. 4°

Matheson, Peter（ed.）（1995）, Argula von Grumbach: A Woman's Voice in the Reformation. Edinburgh: T & T Clark.

Matheson, Peter（ed.）（2010）, Argula von Grumbach. Heidelberg: Gütersloher Verlagshaus.

[参考文献]

ウォーカー, ウィリストン（塚田理・八代崇訳）（1983）『宗教改革』ヨルダン社。

カウフマン, トーマス（宮谷尚実訳）（2010）『ルター』教文館。

出村彰ほか編・田中真造ほか訳（1985）『宗教改革著作集〔7〕ミュンツァー・カールシュタット・農民戦争』教文館。

ドゥフロウ, ウルリッヒ（佐竹朗ほか訳）（1980）『神の支配とこの世の権力の思想史』新地書房。

徳善義和（1985）『キリスト者の自由——自由と愛に生きる 全訳と吟味』新地書房。
徳善義和編（2004）『マルチン・ルター——原典による信仰と思想』リトン。
ベイントン，R.（出村彰訳）（1966）『宗教改革史』新教出版社。
松田智雄編（1979）『ルター〔世界の名著23〕』中央公論社。
Bainton, Roland H.（1971）, Women of the Reformation in Germany and Italy. Boston: Beacon Press.
Bainton, Roland H.（1973）, Women of the Reformation in France and England. Boston: Beacon Press.
Domröse, Sonja（2010）, Frauen der Reformationszeit: Gelehrt, mutig und glaubensfest. Göttingen: Vandenhoeck & Ruprecht GmbH & Co. KG.
Hsia, R. Po-chia（ed.）（1988）, The German People and the Reformation. London: Cornell Univer Press.
Kirchmeier, Bernhard（2008）, Argula von Grumbach. Norderstedt.
Marshall, Sherrin（ed.）（1989）, Women in the Reformation and Counter-Reformation Europe. Bloomington: Indiana University Press.
Matheson, Peter（1998）, The Rhetoric of the Reformation. Edinbrugh: T & T Clark.
Matheson, Peter（2000）, The Imaginative World of the Reformation. New York: Bloomsbury Academic.
Roper, Lyndal（1989）, The Holy Household: Women and Morals in Reformation Augsburg（Oxford Studies in Social History）. Oxford: Clarendon Press.
Rumsey, Thomas R.（1981）, Men and Women of the Renaissance and Reformation, 1300–1600. London: Longman Publishing Group.
Wallace, Peter G.（2004）, The Long European Reformation. Hampshire: Palgrave Macmillan.

2 アルギュラ・フォン・グルムバッハと聖書

1 はじめに

　前述のとおり、アルギュラ・フォン・グルムバッハは、プロテスタントの最初の女性ライターであり、おそらく彼女は、論争のために印刷術を利用し、いくつものタブーを破った最初の女性政治記者であった。彼女は宗教改革においてマルティン・ルターが主張した「聖書のみ」の原則を支持し、彼女自身の聖書解釈を試みながら、当時、権威をもつ教会、大学、皇帝、帝国議会などに対して、社会・慣習などの不条理、教会の腐敗、不正義、信仰の問題などについて、堂々と公言した。その方法は主として印刷媒体であり、彼女は八つのパンフレットを出版し文筆活動を行った。こうした先駆的な方法で、彼女は多くの同時代の人々によって認められ、周辺女性たちの沈黙を破ったが、彼女自身は平信徒で、修道院や大学で聖書解釈の正式な教育を受けているわけでもない。にもかかわらず、勇気をもってルターの運動を支持し、自身もこの運動に率先したのだった。

　本稿では、アルギュラ・フォン・グルムバッハの聖書との取組み、解釈を見ながら、彼女にとって聖書が果たした意義について考察したい[1]。

2　アルギュラの用いた聖書と聖書箇所

　アルギュラの全著作から、彼女はほとんど聖書全体を暗記してしまうほど、聖書を自分のものにしていたと推察できる。しかしその反面、彼女は記憶を重視する傾向があり、しばしば自分の記憶から聖句を引用していて、その言い回しがあいまいなものになっている。まず、彼女が使用していた聖書を特定することができるかを考察してみよう。アルギュラと聖書との出会いは早かった。彼女の家はバイエルンの貴族であるシュタウフ家で、彼女は家に独自の祈禱書があるほどの敬虔なクリスチャンホームで育った。彼女が10歳のとき、父は美しく高価なコベルガー（Koberger）版の聖書を与えたという[2]。ゆえにまず、彼女は少女時代からコベルガー版聖書に慣れ親しんでいたことが考えられる。

　16世紀初頭、民衆がラテン語の聖書を持ち、読み、理解することはまず不可能だった。グーテンベルクの印刷術の発明後、まもなく（1455年）公刊されたのも、ラテン語の聖書であった[3]。それから約10年を経た1466年にシュトラスブルクからはじめてドイツ語の聖書が公刊され、以後、ルターが1522年に新約聖書を翻訳するまでに、高地ドイツ語[4]地域で14種、低地ドイツ語地域で4種の印刷聖書が刊行された。アルギュラの出身から考えると彼女の用いていた聖書は高地ドイツ語聖書であると考えられる。1475年、アウグスブルクで、ギュンター・ザイナー（Günther Zeiner）が、『ビブリア・ゲルマニカ』をラテン語聖書『ウルガータ』に従って忠実に訳し、1477年

1）なお、アルギュラに関する論文は日本では拙著のもののみであり、また彼女に関する研究では聖書と彼女に関するものを論じたものはない。
2）Matheson（1995）, p.86.
3）塩谷（1983）、189頁。
4）ドイツ語の方言は、大きく分けて北部方言（低地ドイツ語：Niederdeutsch）と中部・南部方言（高地ドイツ語：Hochdeutsch）に分けられる。現在標準ドイツ語と呼ばれるものは、書き言葉としては主にテューリンゲン地方などで話されていた東中部方言（テューリンゲン・オーバーザクセン方言）を基にした言葉で、ルターのドイツ語聖書などの影響によって標準語の地位を獲得した。このため、「高地ドイツ語（Hochdeutsch）」という言葉は「標準ドイツ語」という意味でも用いられる。

には再版した。1477 年には、アウグスブルクで、アントン・ゾルク（Anton Sorg）によって『ビブリア・ドイチュ』が印刷され、1480 年に再版された。1483 年には、ニュルンベルクでアントン・コベルガー（Anton Koberger）により『ビブリア・ドイチュ』が印刷された（以後、コベルガー版聖書とする）。以上のドイツ語聖書は、ラテン語聖書『ウルガータ』からの重訳であり、聖書原典の意味を点検するようなことはなされていなかった[5]。しかし、アルギュラの時代、ラテン語聖書から翻訳されたドイツ語聖書のなかでは、コベルガー版聖書がザイナー版聖書以来の大きな改訂版であり、語法というよりも文体が改訂され装幀が美しいので一般的に（特に若い女性には）よく読まれたようだ。アルギュラはこの聖書の挿絵の非常に美しい点や叙述の巧妙さ、たとえば、ユディトがホロフェルネスを殺すという叙述にも感動している。

　アルギュラは 15、6 歳のとき、バイエルン公の母でありマクシミリアン皇帝の姉妹であるバイエルン大后妃クニグンデの女官として、バイエルンの宮廷に送られた。敬虔なクリスチャンであった大后妃のもとで、アルギュラは十分な教育を受けて教養を身につけ、美しいドイツ語を使えるようになった。しかし、ラテン語は学ぶ機会がなかったので、ルター訳の聖書を手にする前は、彼女が使用していた聖書は 10 歳のときから愛読し、当時、普及していたコベルガー版聖書だったと想定される。また、アルギュラ自身、「インゴルシュタット大学宛ての書簡」に「41 年前に印刷された」と証言しているので、当時もこのコベルガー版聖書を用いていることがわかる。

　さて、ドイツ語聖書はルターが翻訳する前から存在していたのだが、ルター訳聖書が評されるのは、それがラテン語からの重訳ではなく、新約聖書はギリシア語の原典から、旧約聖書はヘブライ語の原典からはじめて訳出された点にある。当時、ドイツ語は各地の方言に分かれていたが、その状況にあってルターはこなれた訳文をもって、また特別な方言を使うのではなく、高

5）たとえば、すべてのドイツ語聖書において、『ウルガータ』聖書の aquilo、北、北風を、真夜中 mitternacht と翻訳したり、ヒエロニムス聖書の序文が個々の書に含まれていて、これはラテン語を読めない平信徒の読者には、そのまま受け入れたことが想定される。

地の人も低地の人もともに通用するドイツ語を使用した。ルターの激しい批判者であったコヒロウス（Johann Cochläus）は「女もほかの単純な馬鹿者たちもこの新しいルターの福音書を胸中におさめて持ち歩き、それを暗唱している」と評しているほど、ルターの聖書は民衆に親しみやすい文体が使われていたようである。ルターは母国語による聖書を通して人々の心に生きた言葉で福音を伝えることに熱心であったのである。

さて、アルギュラも聖書の翻訳者としてのルターの著作から非常に得るものが多かった[6]。また、彼女の著作からわかるように、ルターがヴァルトブルク城に保護されていた1521年12月から1522年2月までの11週間で翻訳したという新約聖書を彼女が読んでいた[7]ことは明らかであるし、さらに1523年刊行された旧約聖書の「モーセ五書」の訳も知っていた[8]。彼女は自分で、古い訳を捨てルター訳聖書を用いて編成を試みたようである[9]が、しかし、彼女の著作を通じて言えることは、それ以前の、彼女が空で覚えているほどの、古い訳のドイツ語聖書（コベルガー版聖書）に頼り続けていたことはまちがいないことである。

アルギュラの著作における聖書引用箇所を見てみると、291回の聖書についての言及のうち、旧約聖書からは、モーセ五書から6回、歴史書から2回、詩編から20回、イザヤ書から34回、エレミヤ書から28回、エゼキエル書から13回、ホセア書から8回、ヨエル書から3回、引用している。特筆すべきは、彼女の全著作の多くが黙示録的基調であるが、ダニエル書やヨハネ黙示録からの引用がないことである。また外典のユディト記の2回と、

---

6) たとえば、「インゴルシュタット大学宛ての書簡」のなかで「マルティンやメランヒトンによる著作は、神の裁きと正義を私に語り熱心に説いています」と述べている。

7) たとえば、「インゴルシュタット大学宛ての書簡」のなかで「ゼーホーファはマルティンによる原典新約聖書のドイツ語訳を否定しなければなりませんでした。それをみなさんは恥じないのですか？」と述べている。

8) たとえば、「インゴルシュタット大学宛ての書簡」で「また、これからルターが発行しようとしているモーセ五書があります」と述べている。

9) このすばらしい例のひとつは、コリントの信徒への手紙二の1章19節である。すなわち、「神の言葉はいかなる『否』も認めない『然り』であります」と。中世後期の聖書におけるこの節の訳は、間の抜けたものであり、またあいまいなものであったようだが、ルター版はかなり異なり、テキストに接近して読んでいる。

コベルガー版聖書（1483 年刊）の木版による挿画
（Bainton, 1971, p. 99 より）

バルク書の1回の言及があることも特徴である。また新約聖書については、マタイによる福音書は59回も引用され、特に同福音書の10章は22回も引用されている。マルコによる福音書からの引用はわずか3回であるが、ルカによる福音書から22回、ヨハネによる福音書から32回引用している。使徒言行録からは7回の引用であり、パウロのテキストからの引用は、コリントの信徒への手紙一から17回、コリントの信徒への手紙二から6回で、コリントの信徒への手紙からの引用が圧倒的である。また、ローマの信徒への手紙から6回と、ガラテヤの信徒への手紙から5回の引用がある。パウロの他のテキストからは、エフェソの信徒への手紙に4回の言及がある。その他、ペトロの手紙一からは6回、ヨハネの手紙一からは2回の引用がある。全体的に見て、詩編、イザヤ書、エレミヤ書、マタイによる福音書からの多くの引用は、しばしば繰り返されているが、一方、パウロの全文献は、単発で引用されている。

　以上のことから、アルギュラはルター訳の聖書よりも慣れ親しんできたコベルガー版聖書を使用し、彼女の関心は旧約聖書の預言書と新約聖書の福音書にあったと推察できる。

3　「インゴルシュタット大学宛ての書簡」[10]からの聖書の用い方

　アルギュラがどのように聖書を用いて宗教改革運動を推し進めていったかを、彼女の著作「インゴルシュタット大学宛ての書簡」から具体的にみてみよう。

　この書簡は、アルギュラが1523年9月20日にインゴルシュタット大学の教授会に宛てて書いた痛烈な抗議文である。それは、神学的見解の撤回を強

---

10) ここでは、Wie eyn Christliche//fraw des adels/in Beiern durch//jren jn Gotlicher schrifft/wolgegründ//ten Sendtbrieffe/die hohenschul zu Jngold=stat/vmb das sie einen Euangelischen Jung//ling/zu wydersprecchung des wort//Gottes betragt haben//straffet.（Nürnberg: Friedrich Peypus 1523）7 Bl. 4º; Matheson（1995）, pp. 56-95; Matheson（2010）, pp. 63-75, 162-164. を参照している。

制された若い講師アルザシウス・ゼーホーファを支援するためだった。この書簡の趣旨は、自分はパウロが「女は教会で沈黙すべきである」(テモテへの手紙一の2章2節)と言っているのを知らないわけではないが、だれも男性が発言しようとしないので、「一人の前でわたしを受け入れる者を、わたしもまた、天にいますわたしの父の前で受け入れるであろう。しかし、人の前でわたしを拒む者を、わたしも天にいますわたしの父の前で拒むであろう」(マタイによる福音書10章32～33節)という聖書箇所を根拠に自分が大学へ出向き、彼らとドイツ語で討論したいというものである。

彼女が言及しているアルザシウス・ゼーホーファは、1503年頃にミュンヘンで生まれ、インゴルシュタット大学とヴィッテンベルク大学で学んだが、ヴィッテンベルク大学では、メランヒトンのもとで信仰による義の福音を学び、また過激派のカールシュタットの影響も受けた。その後、インゴルシュタット大学で学び始めた18歳の彼は、雰囲気も神学の解釈も、ヴィッテンベルク大学とはまったく異なる大学に馴染めず、大学をやめようと思ったが、彼の家族によりインゴルシュタット大学に在籍するように説得され学位を取り、さらに同大学で教え始めた。当時、インゴルシュタット大学の実力者は、ルターの不倶戴天の敵で弾劾者であったヨハン・エック[11]であり、彼はルターの教説を異端視していた。ルターやメランヒトンに心酔していたゼーホーファは、インゴルシュタット大学においてパウロ書簡の講解を行ったのだが、その解釈がルター的解釈であったために、異端の嫌疑を受けることになった。彼は取調べを受け、一方、捜索された彼の宿舎から、メランヒトン、ルターの著作が発見された。彼は3度投獄され、司教に渡されると火刑になるところだったが、父親のたっての頼みにより、バイエルン公と大学が責任を取るということになった。ゼーホーファは火刑を恐れるあまり、公にその所信を撤回することになる。その後、彼は人里はなれた修道院[12]に監

---

11) ヨハン・エック (Johann Maier, Eck: 1486-1543) はカトリック神学者であり、インゴルシュタット大学で神学教授となり、ルターの論敵であった。1519年のライプチヒでの討論で、エックはルターが異端者であることを証明した。

12) 「アルザシウス・ゼーホーファによる無効にされ否認された条項」に添えられたアルザシウスの誓約書に、エッタル修道院と記されている。

禁されることになった。

　アルギュラのこの著作は、「序文」とアルギュラによる「インゴルシュタット大学宛ての書簡」とゼーホーファが大学側に誓約した「条項」から構成されている。まず、序文の執筆者はアルギュラの熱烈な支持者であることが文面からわかるが、名前が記されていない。執筆者は特定できないが、複数の人物が候補にあげられる。すなわち、インゴルシュタットで学びアルギュラが宗教改革運動思想や息子の教育などを相談するほど親しかったオジアンダー（Osiander, Andreas: 1498-1552）、フランシスコ修道会に入っていたが1521年ルターに感化されて修道会を去り、ルターの同労者となったエーバリン（Eberlin, Johann: 1465-1533）、インゴルシュタットでヨハン・エックのもと、神学博士号を得たがツヴィングリやエコランバーディウスの宗教改革に共鳴しやがて再洗礼派を支持するフープマイアー（Hubmaier, Balthasar: 1485-1528）、信徒神学者で特に農民戦争の綱領宣言書「十二条項」の起草者として知られるローツァー（Lotzer, Sebastian: 1490-1525）である。彼らの共通点は、いずれもアルギュラの行動を十分認識し、また彼女のパンフレットのいくつかを読んでいたとされることである。

　序文で、著者はインゴルシュタット大学の聖書学者たちをユディト記8章の偽預言者たちのように批判し、アルギュラのゼーホーファ事件での行動については、「これは、信じがたいこと、女性には稀有なことであり、この時代にあってまさに前代未聞のことである」とし、さらに、彼女は聖書学者の前に出て、彼らの質問を受けようとしていることを伝え、彼女の勇気を絶賛している。またルカによる福音書19章から「イエスを迎える人々の歓喜の声が沈黙を強いられても、それに代わって石が声を上げ始める」の箇所やヨエル書2章の「これより後、わたしはすべての人にわたしの霊をそそぐ。そして、あなたがたの息子や娘は預言する。彼らは知恵の言葉を語る。僕である男女にも、わたしの霊をそそぐ。そして、わたしは天と地に奇跡を行う。主の日、大いなる恐るべき日が来る前に」の箇所を引用してアルギュラの行動を圧倒的に支持している。序文執筆者は、アルギュラの著作は聖霊によって導かれているものとし、さらに、聖書のなかの女性たちの姿――エステル記4章の、人々を救うために死と破滅に直面したエステルや、また真実につ

いて黙っていることで神に反対して罪を犯すよりも、自分がなすべきことのために男性に捕えられることを選んだ聖なるスザンナ（ダニエル書補遺スザンナ）——をアルギュラの姿になぞらえて称賛している。最後に、ユディト記9章の聖句「主よ、もし一人の女性の支配によって彼らを打ち負かすことができたなら、あなたの御名はほめたたえられるであろう」を用いながら、アルギュラの行為を神に祈り、全面的に彼女の活動を推奨している。以上、序文執筆者はアルギュラと同様、聖書（外典のユディト記、ダニエル書補遺スザンナ、エステル記など）を巧みに用いてアルギュラ支持を表明している。

　アルギュラ自身の本文は、ヨハネによる福音書12章の引用から始まっている。すなわち、「わたしを信じる者がだれも暗闇の中に留まることのないように、わたしは光として世にきた」を引用し、この光は私たちすべてのなかに住みつき、冷淡で見る目のないすべての心を照らすことが彼女の願いであることを告げ、神の前で自分がこの公開書簡を示すことを宣言している。彼女は、女性である自分が公に語り、討議することの理由として、マタイによる福音書10章「人の前でわたしを受けいれる者を、わたしもまた、天にいますわたしの父の前で受けいれるであろう」や、ルカによる福音書9章「わたしとわたしの言葉を恥じる者に対して、わたしが栄光に輝いて来るときに、みなその者を恥じる」などを用いる。そして、キリスト者はだれでも、すなわち女性も男性と同様にキリストに公に信仰告白ができ、不正に対してそれを非難することができるのだとする。エゼキエル書33章「もしあなたがあなたの兄弟の罪を見て、彼を非難するなら、わたしは彼の血の責任をあなたの手に求める」や、マタイによる福音書12章「聖霊に対して言い逆らう者は、この世でも、来たるべき世でも、許されることはない」、また、ヨハネによる福音書6章「わたしの言葉は霊であり、命である……」を用いながら、行動を起こさなければ、それは、聖霊に対して罪を犯すものであり、だからこそ、キリスト者である自分が立ち上がったのだと表明する。

　続いて大学側に対して、アルザシウス・ゼーホーファ事件において、ゼーホーファに投獄と火刑という暴力と強制をもって信仰告白を否定させ、この目的のために聖書を誤用することは、キリストに反することではないかと弾劾する。信仰の問題において神のみが畏れられるべきであって、個人の信仰

の邪魔をする者はだれも——それが皇帝であれ、教皇であれ——公然と反対すべきであると語る。また大学側に対して、「立派な聖書学者であるみなさん」と呼びかけ、ルターやメランヒトンと論駁しないで非難することの卑怯さを訴える。また、もしルターやメランヒトンの著作を否定するのなら、神と神の言葉を否定することになり、それは神に対する永久の背きであると告げる。マタイによる福音書10章の「あなたがたの身体を奪う者を恐れるな、その者の力は終わりになるから。しかし、魂も身体も地獄で滅ぼすことができる者を恐れなさい」を挙げながら、キリストや彼の使徒や預言者が、人々を牢屋に入れ、彼らを焼いたり、殺したり、あるいは、逃亡したりする聖書箇所を見つけられないとする。次に大学関係者に対して、「あなたがたはエレミヤ書の第1章を読んだことはないのでしょうか？」と問いかけ、エレミヤの召命体験における二つの幻をあげる。最初の幻、「アーモンドの枝」は神が見張っていることを、もうひとつの幻である「煮えたぎるなべ」は、神は真実な方であり、大学側の不正に対して、それを裁くため、妥協せず、煮えたぎり続けることとする。さらに、権力をもつ教皇も、豊かな知恵をもつ哲学者であるアリストテレスも、神の前では脇に払われることを告げ、インゴルシュタット大学の神学者たちが、神に反抗し、預言者や使徒たちを追放しようとするなら、それは非難すべきことであると告げる。続いて、大学側の不正に対して、神はライオンやクマのように激怒し、彼らの愚かさと嘘と弾圧に対して、打ちのめすとし、神の言葉に反対する偽預言者たちに対して神が裁いてくださることの証言者として、預言者ホセア、エゼキエル、イザヤ、エレミヤを挙げている。

　ここで、アルギュラは自分が今まで公然とものを言えなかったことを振り返る。それは、テモテへの手紙一の2章で「女性は黙っているべきで、また、教会内では話してはならない」とパウロが告げているのに起因しているとする。この言葉によって、彼女はこれまで沈黙し自分を抑制し、受身のままであったことを告白する。しかし、イザヤ書3章の「わたしは彼らの統治者にするために子どもたちを送りたい。そして、女性に彼らを支配させよう」や、イザヤ書29章の「誤った者たちは、彼らの心の中で、知ることを得、つぶやく者たちは法を学ぶであろう」、また、エゼキエル書20章の「わ

たしは手を挙げて、彼らに反対して、彼らを撒き散らした。彼らは決してわたしの裁きに従わず、彼らはわたしの命令を退け、また、彼らの目は、彼らの父祖の偶像に目を引かれた。だから、わたしは彼らに命令を与え、良いものを与えなかった。そして、彼らは決して生きることができないという裁きを与えた」、さらに詩編 8 編の「あなたがたは、子どもや乳飲み子の口によって、あなたがたの敵のために、ほめることを定めてきました」や、ルカによる福音書 10 章の「イエスは聖霊によって、喜んで、言われた。『父よ、わたしはあなたがたに感謝します。あなたが、知恵ある者からこれらのものを隠し、小さな者にそれらをあらわしました』」、エレミヤ書 3 章の「彼らはすべて、小さい者から大きい者まで、わたしを知るであろう」を挙げ、コリントの信徒への手紙一の 12 章の「聖霊によらなければ、だれも『イエスは主である』と言えない」とマタイによる福音書 16 章でペトロの告白について、イエスが言った「人間があなたにこのことをあらわしたのではなく、わたしの天の父があらわしたのだ」を用いて、すべてのキリスト者は平等に信仰を告白できるのであるとする。そして、もしだれも発言しないときは、神は女性や子どもたちや、はっきりと意見を言えない者や愚か者たちもその権利は与えられているのであって、そのことは聖霊がそうさせるのだと、今の彼女自身の行為を正当化させる。次にマタイによる福音書 24 章の「邪悪な僕が仲間を殴り始めていて、その僕の主人が予想しない日、思いがけない時に帰ってきて、彼を厳しく罰し、偽善者たちと同じ目に遭わせる。そこで彼は泣き喚いて歯軋りするだろう」を挙げて終末の前兆を示す。彼女は、この聖書箇所から、他人に偽善的に重荷を押しつけ、立場を悪用して仲間を打ち叩いて好き勝手に宴会騒ぎをし、思いがけない時に帰って主人から厳しく罰せられることになって後悔する、この邪悪な僕たちを聖職者たちにたとえ、今、主の来臨が近づいているのに堕落している聖職者たちは気づいていないと警告する。また、アルギュラはインゴルシュタット大学に投資し支えてきたバイエルンの君公たちを真実に目覚めさせようと呼びかける。彼らに同情しつつも、彼らがインゴルシュタット大学の聖書学者たちを信頼し彼らを任命したことの責任と、また貧しい収入の臣民から取り上げた税によって大学が設立され維持されていることの認識を彼らに改めて自覚させ、そして君公

たちが神に立てられその任務を遂行する神への忠誠を思い起こさせる。

　当のアルザシウスに関して、彼女は神がペトロを赦されたように、アルザシウスが嘘の証言をし、神に背いてしまったことに対して赦されることを願う。そして、彼女は「なぜなら、日々人は7回転び、そのたびに自分の足で起き上がるからです。神は罪人の死を望むのではなく、その人の回心と命を望まれるのです」と力強く告げる。そして、人が聖書ではなく力を用いて議論するとき、論争は簡単に説き伏せられることを指摘しながら、しかし、神は決してそのようなやり方に我慢はしないと主張する。

　「ゼーホーファはマルティンによる原典新約聖書のドイツ語訳を否定しなければなりませんでした。それをみなさんは恥じないのですか？」と言及している点、彼女自身がルターの著作をよく読んでいることがわかる。「これからルターが発行しようとしているモーセ五書があります。それも取るに足らないことなのでしょうか？」と記していることから、ルター訳の旧約聖書のモーセ五書がこのとき、印刷所の元にあるということまで知っていることがわかる。またアルギュラは、カトリック教会支持のインゴルシュタット大学側に対して公然と自分が宗教改革者たちの著作を広範囲に読んでいることを告げている。

　ここでアルギュラは、自分が10歳のときに父から聖書を与えられ、以来、聖書に親しんできたこと、そして神の霊によって能力を与えられ、聖書の神の言葉を聞き取り、受け取ることができることを告げている。コリントの信徒への手紙一の9章のパウロの「わたしの力を濫用しないように、わたしはありのままの福音を説き明かします」という言葉や「わたしは世に再び輝く光であるあなたに心から語ります」や、詩編118編の「あなたの言葉が暴露されるとき、光が射してきて、無知な者にも理解を与えます」や、詩編36編の「命の泉はあなたにあり、あなたの光に、わたしたちは光を見る」や、ヨハネによる福音書2章の「神は人間についてだれからも証してもらう必要がない。つまり、彼は何が人間の心の中にあるかをご存知だからである」やヨハネによる福音書14章の「わたしは道であり、真理であり、命である。だれも、わたしを通らなければ、父のもとに行くことができない」をあげて、彼女の聖書解釈の才能は神の霊により委ねられていることを、聖書

箇所から示している。そして、神の言葉は教会法の排他的で利己的利益のために他人を利用する命令とは違うとし、マタイによる福音書24章の「天地は滅びる。しかし、わたしの言葉は決して滅びない」や、イザヤ書40章の「神の言葉は永遠に立つ」を用いて、コリントの信徒への手紙二の1章の「神の約束の言葉は、どんな『否』も除いた『然り』なのです」をもって神の言葉の永遠性を告げている。アルギュラ自身、聖書のなかで、究極的な師であるキリストがマグダラのマリアや井戸のところにいた若い女性のために祈っていることに励まされながら、彼女は「私は喜んであなたがたの前に出て参りましょう。あなたがたと議論することに尻込みはいたしません」とし、彼女はたった一人で大学関係者の前に出頭し、その問題に弁明することができると公言する。その際、自分はルターを尊敬しているけれども、あくまでも真の岩はキリストであり、キリストにより頼み、公に母国語で問題を討議し、また全神学者たちを相手にして堂々と弁明する、新しい公開討議を提案するとした。

最後に、コリントの信徒への手紙一の2章[13]の「わたしは、信じる者にとって神の救いの力である、福音を恥としない」と、マタイによる福音書10章の「あなたが引き渡されたとき、何を言おうかと心配してはならない。語るのはあなたではないのである。同時に、あなたは言わなければならないことを示されるであろう。そして、あなたがたの父の霊が、あなたを通して語ってくださるのである」を用いて、書簡の冒頭と同じように、信仰告白の注釈と、「私があなたがたに書いてきたことは、女性の無駄話ではなく、神の言葉」として認められる必要があるとして、この手紙を締めくくっている。

以上、この書簡の概要について、彼女の聖書の使い方を中心にして検討を試みた。この書簡の特筆すべき点は、第一に、これはインゴルシュタット大学の学長や教授会メンバーに宛て、あくまでも個人的に抗議したものであって、彼女の背後に組織的なグループはないことがうかがえる点である。彼女

---

13) アルギュラは書簡のなかで、コリントの信徒への手紙一の2章としているが、ローマの信徒への手紙1章16節の誤りであると思われる。

は自分自身のために、ひとりのキリスト者としての証言行為として、また、キリスト者としての倫理観に基づき、そうしなければならないという義憤を感じて書いたと思われる。彼女は「アダム・フォン・テーリング宛ての書簡」において、もともとは、この書簡は出版して広く公表するつもりはなかったと主張している。もしそうだとすれば、彼女はこの書簡が公表され大きな反響があったことに非常に驚き、戸惑ったにちがいない。他方、ひとりの女性が、大学や教会や国家への批判、討論で神学者たちへ挑むという行為は当時としては画期的で、実際、多くの関心を持たれたにちがいない。

　第二に、彼女は神学的基礎をもっているが、そこには限界がある点である。若い学生の公開裁判と教会権力と権威の誇示に対抗してアルギュラが異議申立てをした書簡であるが、一方では、聖書の言葉をもち、他方で、伝統とローマカトリック教会の教権に反対しながら、権威についての問題にのみ限定している。

　第三に、文学的ではない点である。この書簡には序文がなく、だしぬけに始まり、結語がなく突然終わっている。また、神学的問題から個人的問題へ、また実践的問題へと話題が錯綜している。この書簡は、彼女の居ても立ってもいられないという思いによって、衝動的に、そして、いくぶん感情的に、性急に書かれたものであったと思われる。しかしながら、そのためにかえって人々の心を惹きつけたのかもしれない。つまり、神学者が使う難解な専門用語によって書かれているのではなく、彼女自身の疑問や、忠言や、勧告や、突然の感情的叫びの訴えや、祈りが率直に、自由に述べられている点が、人々の心に訴え、共感を得たと考えられる。また、一人称で書かれている点で、アルギュラが直接読者に向き合って伝えているかのようで、心に響くのであろう。すなわち、「私はみなさんに、神のために懇願します」と一人称で言っているように、アルギュラ自身の悩み、怒り、同情、希望や経験から語っているからである。

　さらに重要な点は、彼女が聖書にすべての根拠をおき、そこに彼女の抗議文書を権威づけている点である。彼女はかなり効果的に聖書を利用し、また聖書と自分を同一視し、「神が申命記で言っておられます」とか、あるいは、「あなたはマタイによる福音書で主が言われたことをご存知ないのでし

ょうか」といったように、聖書の言葉が読者に直接訴え、心に響いてくるようなメッセージとなっている。

4　アルギュラの聖書理解を通して

　以上、アルギュラの「インゴルシュタット大学宛ての書簡」を検討してきたが、彼女は聖書を自由自在に使いこなすことに長けていたことがわかる。次に、アルギュラの聖書理解と彼女の宗教改革運動の関係を考察しよう。

　アルギュラの著作を読んだ同時代の人々は、彼女の聖書の理解の深さに、驚いたにちがいない。それは彼女のパンフレットの増刷りや、またルターをはじめ、既出のようにオジアンダー、エーバリン、フープマイアー、ローツァーなど、当時の錚々たる宗教改革者たちが彼女のパンフレットを読み、そして彼女を支持していたことからもうかがえる。また、彼女が関わった論争においてその聖書理解の力が発揮されたことも想像できる。しかしながら、彼女はどのようにしてその域に達したのだろうか。まず、彼女が聖書を学ぶための周囲の環境・条件は、一般的にみれば決してよいとはいえない。彼女が修道女であれば、聖書を学ぶことができるであろうが、修道女であるわけでもなく、ただの平信徒である。また、たとえばルターでさえも、『卓上語録』で「女は家政のほかのことをしゃべるとなると全然役に立たない。単語は知っているが、ものごとを理解してしゃべらない。たとえば政治のことなど、支離滅裂で、ときに誇張がある。どうも、女は家政向きに、男は政治や戦争や裁判沙汰などに向くように創られたらしい」と評していたように、女性に対してかなり偏見をもっていた時代である。彼女は聖書解釈の正式な教育を受けているわけでもなく、なんの語学力も身につけていなかった。ゆえに、彼女は聖書を独学で理解したとみなせよう。しかし独学とはいえ、彼女の聖書への洞察は、新鮮で独創的なものであり、しかも、彼女が思いつきで言っているのでは決してない。まず、このような聖書理解をつくりだした背景には彼女の聖書に対する関心があった。それはすでに述べてきたように、彼女が伝統的で敬虔な信仰生活を送っている貴族家庭のなかで成長したこと、また少女時代はミュンヘンの宮廷で彼女を指導したクニグンデ大后妃の

深い信仰心によって彼女の聖書理解への土台が築かれたことも、重要な要因だったであろう。また彼女は、当時流布していた新しい印刷物から得られるドイツ語で書かれた宗教書を十分に読みこなし、聖書理解を深めるために活用したことであろう。そのような聖書に対する素地があって、彼女の「時」が来たのだといえよう。すなわち、ルターの運動が活発となってきた1520年代に、彼女も家庭を持ち、世間のさまざまな行方を見通せる30代前後の年齢に達して彼女のさらなる聖書への関心が高まったちょうどその頃、福音主義という新しい思想を、彼女は、教会の活動や大学の活動以外から──友人との会話や文通から、あるいは聖書の人文学者たちや非公式な福音主義のグループから、また宗教改革者たちの説教から──知り、受け止めることができたと考えられよう。現にアルギュラはゼーホーファの事件について、「ヴィルヘルム公宛ての書簡」において「さて、ニュルンベルクのある市民がこのことを嫌悪して、当事件がどのように取り扱われたか、包み隠さず記録した文書を私に送ってきました」とあるように、宗教改革運動の情報は比較的入りやすい状況に身をおいていたようである。以上のことを考えると、アルギュラの聖書理解力は、少女時代から自然に身につけられる特別な環境にあったことと、独学に加えて、女性や平信徒にとって可能な最新の方法、現代風にいえば、「通信教育」というべき特別な手段によって、修得していったと考えられる。そして彼女は自主的、かつ意欲的に聖書の勉強に取り組み、さらに当時のルターや他の宗教改革者の著作によってその理解を深め、また、彼女の積極的性格や好奇心や情熱も手伝って、当時行われた数え切れないほどのカトリック教会と改革者たちの論争に関心を示し、彼女自身の行動へと発展していったのであろう。宗教改革運動の拡大は、伝統的な方法で聖書を読むための教育を受けていない者が自国語で聖書を読むことができ、自国語で説教を聞き、また宗教改革者たちの発言を印刷手段によって知るようになり、聖書自体を身近なものとして受け入れられるようになったことが大きな要因であったことが、アルギュラを通しても実証できよう。さらにいえば、平信徒で女性であるという彼女のステイタスだからこそ、教会や修道院や大学といった特定の機関のなかで聖書を学ぶという従来のやり方ではなく、もっと聖書を新鮮にいきいきと読むことができたともいえよう。

次にアルギュラの聖書の用い方であるが、彼女の前提にあるものは聖書主義である。また、彼女の聖書解釈は説教的であり、聖書学的ではない。彼女は旧約・新約聖書をひとまとまりにして、その意味を理解している。彼女の文章を読むと、彼女のなかで聖書の言葉は生きた血のようであり、彼女の優れた記憶力も手伝って、ひとつの事柄に対して、次々と適切な聖書箇所が旧新約聖書全体から引用されている。彼女は聖書を、神が、イスラエルの民とキリストに従う者に関わってくださる全記録であると理解し、いきいきとした物語として読む能力をもっていた。彼女は「私はこれをテキストに見つける」とか、「私はそれを受け入れ」、「私はそれを理解する」と述べているが、彼女の聖書への精通ぶりがうかがえる。彼女の生き方の指針は、すべて聖書に依拠しており、まさに聖書主義を地でいっているといえよう。彼女は信仰や倫理を取り扱うすべての問題を伝統や習慣や教会の権威や、哲学や教会法の権威ではなく、全面的に聖書に権威をおき、聖書自体が神の命令を含んでいると理解していた。たとえば、彼女は「裁判所の一連の判決は、私を害することはできません。というのは、それは役に立たないからです。私はその判決の中に神聖な神学を認めることはできませんから。だから、私は、暴力、投獄、火刑によってではなく、書くことによって皆さんが私に指示したいのでしたら、私自身はなにも恐れません。ヨエル書2章で『再び向きなさい。主に立ち返りなさい。なぜなら、神はやさしく、憐れみ深いから』とあります。主はエレミヤ2章の中で『生ける水の源である私を捨てて、水をためることのできないこわれた水ためを掘った』と悲しんでおられます」とし、バイエルンの大法官の言葉は、ローマ教会の権威と何世紀もの伝統のその重みを強調するものとされてきたが、アルギュラはこれらの権威をまったく認めなかった。彼女はルターら宗教改革者たちと同様、反ローマ教会主義であった。彼女は「私は聖書の理解をより深めたいと神に祈りました。すると聖書で語られる言葉の理解が勢いを増して進みました」と記しているほど、どんな問題に関してもその解決を聖書のなかに求めた。彼女は、同時代の人々に、聖霊によって聖書の言葉を理解し、聖書の言葉の引用を通して、神がいかに語っておられるかを理解させようと試みた。同時に、彼女は、テキストを巧みに操るとか、あるいは、引用を後からの思いつきとしてつけ加

えるとかいうのではなく、神の言葉の力を信頼して彼女に抗している者たちに恐れず立ち向かっていこうとした。彼女は、預言者たち、使徒たち、福音伝道者たちと同様、ルターやメランヒトンのような同時代の宗教改革者たちを、基本的に教師としてみなしている。なかでも、親交のあったルターの考え方は彼女に大きな影響を与えている。聖書のみ、聖書をそれ自体、最良の解釈者とする彼の理解は、彼女のものとなった。直面している問題を、聖書に示されている解答が最良のものであるとして解決しようとしたルターの姿勢は、アルギュラの姿勢のなかにも活かされている。彼女はまず、熱心な励ましの言葉を絶えず用いながら、教会と社会生活のあらゆる面に対する方針の書として、聖書を解釈している。彼女はたとえば、教会と国家の関係についても聖書から解答を求める。ヴィルヘルム公に対して、まず公の仲裁によって、ゼーホーファが司教の毒手と火刑の炎から救われたことに対して感謝を表明している。その後、ヴィルヘルム公とすべての行政官に対して、彼らが神から受けている権威は神の権威を侵害してはならないのであり、もし神の領域を侵すとき、彼らの土地は飢え、疫病、敵の侵入や死による災いを受け、死者は鳥や獣のえじきになるだろうと述べている。為政者は神の地上の代理人、僕であり、彼らは信仰の正しい実践を保ち、人々の安全と財産を守り、正義を行うという理解は、改革派の見解に近いようにも思われる。また、アルギュラは聖書を、とりわけ、信仰への告白のひとつの挑戦として認めている。従兄のアダム・フォン・テーリングに宛てた手紙のなかで、預言者や使徒たちがその時代に公に証言することを求められたが、同様に、キリスト者はみな、いかに犠牲を払おうとも、その時代の状況において、預言者や使徒たちの姿勢に従わなければならないとした。ゆえに、彼女はエレミヤやユディトやパウロに共感し、たとえば、「私は自身のためにイザヤ書3章を必要とします」、「私は預言者エレミヤとともに泣きます」、「パウロは私を許す」、「私はパウロがしたように話す」と述べている。彼女にとって、聖書はひとつの書かれた文書というのではなく、神の言葉が生き生きと彼女自身のために述べられたものであった。すなわち、聖書は「神の口」に対するイスラエルの民の返答のひとつの記録として、それは、また、私たちが口を開くためのひとつの呼びかけであると理解した。すなわち、神の言葉が生命を

創造し、混沌から秩序を創造し、さらに死人を生き返らせる力をもつのであり、一過的なこの世界において聖霊の導きにより、永遠なる神の言葉からなる聖書を読むとき、実を結ばないものは決してないと理解したのである。

　他の宗教改革者と同様に、彼女も、今現在の状況を聖書を巧く用いて比較や二元論で示そうと努めている。たとえば、ランツフートのヨハネスのような人をデボラやヨエルやユディトのような女性に激しく反対する者とイメージしている。また教会法の学者や詭弁家の神学者たちを、ファリサイ派の人々とみなしたり、神の言葉を抑圧する世俗の暴君たちを、ファラオやホロフェルネスとみなしたりしている。また教皇の命令は、パウロによって弾劾される人間の知恵の鏡として示している。彼女の聖書の用い方は巧妙であったため、読んでいる者、聴いている者に、敵対する者がなにかを明確にできたと考えられる。また、アルギュラはヨハネによる福音書をしばしば、限定する二元論のカテゴリーを用いながら、黙示録的に解釈した。つまり、光と闇、真実と虚偽、神と悪魔というように二元論を用い、天国と地獄は生き生きとした現実であるとし、腐敗した虚偽のローマ・カトリック教会は神の真実によってその罪が暴かれ、滅ぼされるであろうとする。この二元論を用いながら、マタイによる福音書24章やペトロの手紙一の5章のような文言に基づき、終末を強調している。すなわち、彼女は「もしも、神の御心を心にとどめなければ、疫病、大災害、トルコ人による来訪があるだろう」と記している。天国についての思いが、彼女にとって個人的な強い慰めとなる一方、最後の審判の永遠の苦難は、ファリサイ派のものであり、腹黒い偽善者、フランシスコ修道会のために用意されていると信じていた。他人へ奉仕するということを忘れてしまった、権力を渇望している聖職者たちは、世の人々からの激怒を呼び起こし、憤激は全土を駆け抜けるとし、二元論を用いながら聖書を闘争的に解釈しているといえよう。

　最後に、彼女にとって聖書が果たした最大の意義であるが、それは聖書が彼女を宗教改革運動へと奮い立たせたことである。聖霊が一人の女性を用いて、聖書のひとつのテキストから次のテキストへと導き、そして、聖書全体を理解できるまでになり、インゴルシュタット大学の錚々たる聖書学者たちとの討論に挑む者となったことは驚くべきことである。しかも、女性は霊的

な問題を話すことを禁じられているとされてきた従来の聖書解釈を、彼女は再解釈し直したうえで、自分が神によって危機の時代に召されてきた代々の女性預言者の一人であると自分自身を奮い立たせて論客たちの前に立つことを決意したのであった。彼女の鍵となる聖書個所は、マタイによる福音書10章である。彼女は、この聖書箇所から、キリスト者はだれでも、男性であれ女性であれ、たとえ苦しくとも、あるいは困難でも、信仰を告白する義務をもっていると理解した。旧約聖書のデボラ、ヨエル、エステル、ユディトといった極端に戦闘的な女性と新約聖書のマリアやマルタの姉妹、イエスとともにいるほかの奉仕と慈愛に満ちた女性たちを味方につけ、彼女は自分の直面している事柄に勇気と確信をもって立ち向かったのである。聖書主義に基づく彼女には伝統的女性聖人たちは一切、必要がなかった。イエスは女性に教えることを恥じず、積極的に関わっておられるし、イエスの教えは一般的概念すべてをひっくり返すという発想の転換がみられるが、彼女の聖書解釈はそこへ到達したのではないだろうか。特に、この宗教改革時代においては男性たちの活躍が賞されるが、神の聖霊はすべての肉である人間にふんだんに注がれるのであって、女性の「無駄話」として、男性に一般的に見られていても、神の言葉の媒体になるのだということを、アルギュラは堂々と示したのである。

5 おわりに

アルギュラと聖書の関係について見てきたが、彼女が活動した1520年代は、まだ、宗教改革運動は始まったばかりであった。そして、農民たちを扇動して巻き起こす農民戦争は間近であった。そのような時代にあって、アルギュラは、ルターらの宗教改革文書を読み、ひとりのキリスト者として目覚めた。彼女は聖書のなかに神の声を求めるなかで、彼女個人の現実の生活とともに、教会の現状と社会の大変動を直視し、権威に対して社会の不正、矛盾に異議申立てをした。まさにアルギュラは16世紀の女性政治記者として行動した。その行動は、彼女自身が「もし、あなたが神の御言葉を示してくれるなら、私は従順な子どもさながら、あなたに恭順もいたしましょう」と

述べているように、神の霊感を感じ、心が動かされ、神の前では男性も女性もない一人のキリスト者であることを確信したことに裏打ちされたものだったといえよう。聖書は彼女の生き方をしっかりと支え、そして宗教改革者としての行動を支えるかけがえのない盾であり、道しるべであった。

［一次文献］

Wie eyn Christliche//fraw des adels/in Beiern durch//jren jn Gotlicher schrifft/wolgegründ//ten Sendtbrieffe/die hohenschul zu Jngold=stat/vmb das sie einen Euangelischen Jung//ling/zu wydersprecchung des wort//Gottes betragt haben//straffet.（Nürnberg: Friedrich Peypus 1523）7 Bl. 4º

Matheson, Peter（ed.）(1995), Argula von Grumbach: A Woman's Voice in the Reformation. Edinburgh: T & T Clark.

Matheson, Peter（ed.）(2010), Argula von Grumbach. Heidelberg: Gütersloher Verlagshaus.

Ein Christenliche schrifft//ainer Erbarn frawen/vom［m］Adel//darin［n］sy alle Christenliche stendt//vn［d］obrikeyten ermant/bey der//warheyt vnnd dem wort//gottes zu bleiben vn［d］sol//lichs auss Christlicher/pflicht zum ernnst-//lichste［n］zu handt/haben.//Argula Stauffer-in.//M. D. XXiij.//Actuum 4.//Richtent jr selb/ obs vor got recht//sey das wir ewch meer gehorsam//sein söllen den Gott.（München: Hans Schoser 1523）8 Bl., TE, 4°

Dem Durchleüchtigen Hochge//bornen Furster vnd herren/Herr［e］n Jo=//hansen/Pfaltzgrauen bey Reyn/ //Hertzoge［n］zu Beyern / Grafen// zu

Spanhaym etc. Mey=//nem Gnedigisten//Herren.//Argula Stauferin.//（Augsburg: Philipp Ulhart d. Ä. 1523?）3 Bl., 4°

Ermanung an den//Durchleuchtigen hochge//bornen fürsten vnnd hern//herren Johannsen Pfaltz//graue［n］bey Reyn Hertzoge［n］//in Bayrn vnd Grauen zu//Spanhei etc. Das seyn//F. G. ob dem wort gottis halten wöll.Von einer//erbaren frawen vom//Adel sein［n］gnaden/zugeschickt.//Argula von Stauff.//（Bamberg: Georg Erlinger 1523）2Bl., TE（mit Jahreszahl）, 4°

Dem Durchleutigiste［n］//Hochgebornenn Fursten/vnd herren/Herr［e］n Jo=//hansen Pfaltzgrauen/bey Reyn/Hertzogen/zu Beyern/Gra=//uen zu Span=//heym. etc. mey//nem Gnedi=//gisten herre［n］//Anno. M. C. xxiiij.//Argula Stauferin.//（Erfurt: Wolfgang Stürmer 1524）2 Bl., T. E, 4°

An denEdlen//vnd gestrengen her //ren// Adam vo［n］Thering// der Pfaltzgrauen stat//halter zu Newburg// etc. Ain sandtbriff//vo［n］fraw Argula// vo［n］Grunbach//geborne vo［n］Stauf=//en. 5 Bl., TE, 4°（Augsburg: Philipp Ulhart d. Ä. 1523）

Ein Sendbrieff der edeln// Frawen Argula Stauferin/ An die// von Regenßburg.//M. D. XXiiij. 2 Bl., 4°（Nürnberg: Hans Hergot 1524）

Eyn Antwort in//gedichtß weiß/ ainem d（er）//hohen Schl zu Jngol=//stat/auff ainen spruch/ // newlich vo（n）jm auß//ga（n）gen/ welcher// hynde（n）dabey// getruckt //steet.// Anno. M. D. XXiiij.//Rom（er）. x.// So mann von hertzen glawbt/ wirt// man rechtuertig/ so man aber mit de（m）//mundt bekennet/wirt mann selig.// Argula von Grumbach/ //geboren von Stauff.//（Eyn Spruch von der// Stauferin/ jres Dispu=//tierens halben.//）（Nürnberg: Hieronymus Höltzel 1524）14 Bl., 4.°

［参考文献］
塩谷饒（1983）『ルター聖書：抜粋・訳注』大学書林。
徳善義和編（2004）『マルチン・ルター——原典による信仰と思想』リトン。
ベイントン，R.（出村彰訳）（1966）『宗教改革史』新教出版社。
松田智雄編（1979）『ルター〔世界の名著 23〕』中央公論社。
Bainton, Roland H.（1971）, Women of the Reformation in Germany and Italy. Boston : Beacon Press.

3　ルターの妻カタリーナとアルギュラ・フォン・グルムバッハ

　マルティン・ルターが1517年に95カ条の提題を公表したことに端を発して宗教改革運動がさまざまなかたちで展開していくなかで、宗教改革を受容し、政治と信仰の問題に深く関わり、自分たちの生き方を大きく変えた女性たちがいた。ここでは、ルター主義を信奉した二人の一般女性、元修道女でルターの妻となったカタリーナ・フォン・ボラと、ルターの思想をもって権威に対して異議申立てを実践したアルギュラ・フォン・グルムバッハの生き方を考察したい。特に彼女たちに共通する点、すなわち、両女性がこの運動を受け容れたのは、主として聖書中心主義のもと、信仰による義の教理であり、あくまでも精神的なもの——キリスト者は自由に福音に近づくことができ、何人にも服従しないかわりに、すべての人間に奉仕する——という教説であると考える。ここでは、両者の宗教改革運動への関わり方を比較しながら、16世紀に生きた二人の女性を通して宗教改革運動の意義の一端について考察したい。
　筆者はルター時代の女性宗教改革者であるアルギュラについて、以前から研究してきたが、彼女と同時代に生き、ルターの思想に影響を受けた女性を比較することによって、さらに宗教改革運動がその時代に生きる一般の人々、特に女性にどのように影響したのかを解明できるのではないかと思い、ここでは、ルターの妻であるカタリーナ・フォン・ボラとの比較をすることにした。両者の特筆すべきことは、ともに大きな転機となったルターの教説を人生に積極的に取り入れたことである。新しいキリスト教に基づく考

え方を受け入れ、実践していくことは、当時としては進歩的な女性であったといえよう。また、同時にカタリーナもアルギュラも家庭ではしっかりと主婦としての務めを果たし、子どもに対しても賢母であったと言明できよう。

　まず、二人がルターの教説に出会う前の背景について比較してみよう。まず、カタリーナについてであるが、彼女は1499年1月29日にライプチヒの近くのリッペンドルフという地で、ザクセンの没落貴族の家に生まれた。1505年、カタリーナが5、6歳の頃、母が亡くなり、父ハンスは再婚するが、その際、彼女は父によって、ブレーナのベネディクト修道会の女子修道会に入れられた。その後、10歳頃、また父によって彼女は二人の叔母のいるニムシェンのシトー派女子修道会に送られた。そこで、彼女が16歳のとき（1515年）、1年間、修練女として修行した後、修道女になる誓願を立てた。誓願を立てたのは自分からの召命観からでは必ずしもなく、当時、特に貧しい貴族の家庭の娘がそうであったように、家庭の事情によった。

　ところで、多くの女子修道院は修道女の持参金をあてにしていたが、ブレーナの修道会もニムシェンの修道会も、持参金が少なくても受け容れていたようである。カタリーナが誓願を決意したのは、家が貧しくなっていたことや、また家に帰っても母が継母であるという点にあったようである。彼女は20年間近くを修道会で過ごしたが、それは修道女43人がザクセンの貴族の子女であったニムシェンの修道会に、叔母（実母の妹）である修道会院長マルガレーテ・フォン・ハウビッツともう一人の叔母（父の妹）マグダレーナ・フォン・シュタウピッツがいて、精神的に安心だったからだと思われる。また、特にマグダレーナはカタリーナが結婚した後、ルター家でともに暮らしていることから、彼女にとって非常に信頼できる女性だったのであろう。カタリーナが少女期から青年期にかけて、ニムシェン修道院において他の大勢の修道女たちとともに過ごしたことは、彼女の人格形成において大きな役割を果たしたことが想像される。マグダレーナは、ルターの恩師シュタウピッツ[1]の妹で、しばらく修道院の診療所の管理係であった。カタリーナ

1）シュタウピッツ（Staupitz, Johann von: 1469頃-1524）は、ドイツのアウグスティヌ

もそこで彼女を手伝い、ハーブや薬草についての知識やその取り扱い方を学んだ。この経験はカタリーナが結婚した後、ペスト患者や訪問者などの看護のスキルなどに、大いに活かされたと考えられる。また、彼女は経済的自立の修道院生活のなかから、雑務をうまくこなす方法を学び、他方、ラテン語を学び、規律や宗教の慣習、賛美、祈禱、聖書朗読などを学んだ。カタリーナの特別な勤めは修道女として、朝3時から夜8時まで、祈禱、聖書の復唱、読書、賛美、そして勉強という日課だった。ラテン語は典礼使用を通して学んだことにより、彼女は神学的会話に十分参加できるようになっていた。この学びが後に、直接ルターの著作を読み、理解する基礎になっていったと考えられる。ルターの『卓上語録』によれば、カタリーナはラテン語を理解でき、また会話も巧みで、彼は自分よりも妻のほうが上手に英国人にドイツ語を教えられる、としている。彼女は修道会内では、他の修道女たちとともに貧民救済や病院見舞いなどの福祉活動も行った。

　以上のように、ルターに出会う前、カタリーナは自らの意志で誓願を立てたのではなかったが、修道女としての研鑽を積んでいたことが、後にルターの説く新しい教えに出会い、それを理解するための素地となったと考えられる。

　他方、アルギュラ・フォン・グルムバッハは、1492年、レーゲンスブルクの近く、ベラーツハウゼンで生まれた。彼女の家、グルムバッハ家――バイエルンのホーエンシュタウフ家の分家――は、高貴な家柄でバイエルンの伝統と教育を重んじ、また敬虔なるクリスチャンホームであった。当時、グルムバッハ家は貴族と領邦の君主間の相次ぐ政争に巻き込まれ、最後は没落に至った。アルギュラは15歳の頃（1507年）、バイエルンのマクシミリアン皇帝の姉妹であるバイエルン大后妃クニグンデの女官としてバイエルンの宮

ス隠修修道会士。ザクセンのライスニヒ近郊モッタヴィツの貴族の家に生まれケルンとライプチヒで学ぶ。1490年前後にミュンヘンで修道士となった。1500年には神学博士の資格を得てミュンヘンの修道院長を務めていたが、1503年にザクセン選帝侯に招かれ、前年に設立されたウィッテンベルク大学の初代神学部長となる。そのかたわら修道会ドイツ総長代理となり、ルターの信仰上の師となった。初期ルターを保護しようと努力したが結局ルターの思想を正しく理解できず、次第にルターから離れた。ザルツブルクで死去。

廷に送られた。以後、1516 年までの 10 年間、彼女はそこで恵まれた環境のもとで過ごし、十分な教育も受けることができた。また、クニグンデ妃は信仰篤い女性で、アルギュラも多くの感化を受けた。しかし、彼女が 18 歳頃、両親がペストによって亡くなったり、1516 年、両親の死後、彼女の後見人になっていた叔父ヒエロニムス・フォン・シュタウフがインゴルシュタットにおいて、政治的抗争の渦中に裏切り者として斬首されるなど、つらいことも多々あった。同年、アルギュラはクニグンデの女官を辞め、フリードリヒ・フォン・グルムバッハと結婚した。夫フリードリヒは貧乏貴族であったが、結婚を機に、バイエルンのディートフルトの行政官に任ぜられた。なお、この夫は、最後までカトリック教徒を通した。

　ここまでを考察すると、二人とも没落貴族出身であり、彼女たちの境遇は決して幸福とはいえないが、しかし、当時の一般女性と比べると、聖書にふれる機会が多かったと考えられる。カタリーナは修道院において、神学的知識はもちろん、多くの教養を身につけていたようであるし、アルギュラも敬虔で教養のある家庭で過ごし、また、バイエルンの宮廷に送られ、信仰熱心なバイエルン大后妃クニグンデの女官として十分な教育も、そしてかなりの聖書の知識も身についていたと考えられる。実際、16 世紀初期の女子教育は一般的ではなく、女子が教育を受けるのにはカタリーナのように修道院で学ぶか、あるいはアルギュラのように宮廷などで教育を受ける道しかなかったことに気づかされる。では、ルターの教説に出会った直後から、両者はどのような問題意識をもち、その問題に対してどのように立ち向かっていったかを考察してみよう。

　まず、カタリーナについてであるが、彼女は幼い頃から過ごしていた修道院での毎日の定められた生活が問題だったと考えられる。1521 年、ルターがヴァルトブルク城に隠れていた間、宗教改革はルター個人のものから、ヴィッテンベルクの宗教改革運動へと発展していた。ヴィッテンベルクではルター不在のなか、カールシュタット[2]が運動のリーダーとなり、急進的改革

---

2) カールシュタット（Karlstadt, Andreas Rudolf Bodenstein von: 1480 頃-1541）は、ドイツのプロテスタント神学者。1519 年のライプチヒ討論でルターとともにエックと論争したが、のちにより急進的な改革を要求してルターと対立し、ミュンツァーに接近

運動へと進んでいた。1522年2月には修道院解放、聖像破壊、教会慣習の急激な改革によって大混乱に陥っていた。ヴィッテンベルクの市参事会はルターに帰還を要請し、ルターもまた選帝侯の反対を押し切って、同3月、ヴィッテンベルクに帰還していた。ところで、1520年の初めにはルターの書物はニムシェン修道会にまでも浸透しはじめていた。1519年頃、ルターやマグダレーナの兄であるシュタウピッツがニムシェン修道会の近くのグリンマという町まで説教に来ていた。このとき、修道女たちはルターの信仰のみ、聖書のみの教えを知り、衝撃を受けた。彼女たちは自分たちが修道生活に召されているということに少しも確信がもてないでいた。ルターの教説は、彼女たちが縛られていた修道誓願から解放されることを意味していた。新しい信仰に目覚めたカタリーナを含む修道女たちは一緒に修道会から逃亡しようとルターに手紙を書いた。ルターは彼女らの苦境を知り、修道院脱出を計画し、1523年、12人の修道女たちは、彼の計画に従って修道院を出た。ザクセンはルターの味方であるフリードリヒ賢公の領土とルターの敵ゲオルク公[3]の二つの地域に分かれており、ニムシェン女子修道院はゲオルク公の領地内にあった。ゲオルク公は修道女の逃亡を助けた男を死刑にしたこともあり、ニムシェンからの逃亡はかなり危険を伴うものだった。当時26歳であったカタリーナがこのように危険を覚悟してまで修道院を出ようと試みたことは、彼女自身が修道院に対する不満や修道院誓願に対する窮屈さなどをかなり感じていたのではないかと推察できよう。

　他方、アルギュラは、当時の社会に対して矛盾や不満などを感じ、それを女性だからという理由でそれに異議を申し立てる場のないことに、激しい憤りをもっていたと考えられる。すなわち、彼女は聖書のなかでパウロがいう「婦人たちは、教会では黙っていなさい。婦人たちには語ることが許されていません。律法もいっているように、婦人たちは従う者でありなさい」（コ

した。
3）ゲオルク（Georg, Herzog von Sachsen: 1471.08.27 マイセン-1539.04.17 ドレスデン）は、アルベルティン系のザクセン公（在位：1500-1539）。ゲオルク髭公（Georg der Bärtige）の呼び名で知られる。ゲオルクはヤン・フスやマルティン・ルターといった宗教改革者の説く新しい教義（プロテスタント）に対し、断固とした敵対姿勢をとった。1523年には自分の領国内に普及していたルター派聖書をすべて没収している。

リントの信徒への手紙一の 14 章 34 節）という言葉に縛られていた。しかし、ルターのキリスト教徒の自由に基づく徹底的な平等主義の教説に触れ、また、彼女自身、マタイによる福音書 10 章 32、33 節「だから、だれでも人々の前で、自分をわたしの仲間であると言い表す者は、わたしも天の父の前で、その人をわたしの仲間であると言い表す。しかし、人々の前で、わたしを知らないと言う者は、わたしも天の父の前で、その人を知らないと言う」という聖書箇所を発見し、公の場での発言は男女に与えられている平等のものであると確信し、行動に移すことになった。

　では、二人はルターの運動をどのように支えていったか、両者のルターに出会ったその後について考察してみよう。結論からいえば、カタリーナはルターを妻という個人的立場で支えた。すなわち、ルターの運動を陰で支えた。他方、アルギュラはルターの主張を支持し、彼女自身が彼の考え方に沿って、直接、行動を起こした。つまり、ルターの運動を公に実践したといえよう。

　まず、カタリーナについてみてみよう。ルターの教えに鼓舞され、自由を求めてニムシェンの女子修道院を脱出した修道女たちだったが、これから何をすべきか、どのように生きていけばよいのかは想定していなかった。無鉄砲ともいえる修道女たちの行動であるが、それを指示した当のルターは彼女たちに責任を感じ、彼女らの親類と手紙で連絡をとった。しかし、背教者とみなされた彼女たちを引き取る者はいなかった。ルターは、修道女たちを教師にしたり、家庭に預けたり、また結婚させたりして、彼女たちの将来に道を示した。カタリーナも、2 年の間、ヴィッテンベルクのある家庭に預けられ、そこで家政について訓練を受けた。ルターとカタリーナの結婚は農民戦争が終結する頃だった。修道院を脱走した修道女カタリーナと修道士であったルターの結婚は、修道誓願のなかで重視されていた独身制度を破棄する行為であり、完全に修道制を否定したことになった。これ以降、カタリーナはルターが亡くなるまで彼を支え続けることになる。

　結婚後、ルターとカタリーナは「アウグスティヌス派修道院・黒い修道院」（以後、「黒い修道院」と記す）に住むことになった。ルターとの結婚によ

って、彼女の人生は大きく変わった。それまでは修道会の務めを義務として行っていたが、以後、彼女は主体的にルターを、そしてルターの教えを尊重し支持していった。ヴィッテンベルクにはルターらの新しい福音の教理を学ぼうとヨーロッパの各地から人々が訪ねてきた。ルター家では、カタリーナが訪問客や学生たちをもてなし、家政の主導権を握っていた。ルターは身分の上下を問わず、率直に広い心で人々を受け入れた[4]。『卓上語録』によれば、ルターは「神はわたしをお恵みくださり、家事を引き受ける妻を与えてくださったので、これをする必要がなくなった」と、カタリーナに感謝の気持ちを述べている。じつに彼女は家族を守りながら、宗教改革者ルターの訪問者の接待はもちろん、ルターのよき話し相手となったり、またルターの病気、鬱、持病にも配慮した。彼女は修道女であった経験を活かし、食事療法、薬草などの知識、湿布やマッサージなどをして夫の身体を守った。カタリーナは朝4時に起き、夜9時まで家の仕事をしたので、「ヴィッテンベルクの暁の明星」と人々から呼ばれたことは有名である。夫婦が住んだ黒い修道院は、最初はルター自身が修道士として住み、二人が結婚してからは、選帝侯によって貸し与えられ、のちに贈与されたものだった。1階には40の部屋があり、2階には個室もいくつかあったが、一室たりとも空いているという日はないほどだった。彼らの子どもらをはじめ、甥や姪、孤児たち、カタリーナの親類などがともに住んだ。また、ルター家では、子どもたちのための家庭教師やヴィッテンベルク大学の学生たちも寄宿させていた。彼らのなかには寄宿費を払う者もいたが、奉仕をする代わりに賄いつきで泊める学生もいた。カタリーナは、夫ルターが非常に寛容で、助けの必要な者にはだ

---

[4] ルター家の食卓の常連は、ルターの秘書役で講義や説教の筆記から出版の構成、編集にあたったV.デイトリッヒやG.レーラー、のちにナウムブルクやブラウンシュヴァイクで活躍したN.メドラー、各時期のルターの『卓上語録』を記録した、シュラーギンハウフェン、K.コルダトゥス、ラウテルバッハ、ルターの伝記を書いたJ.マテジウス、J.アウリファーベル、ラーベ、ツヴィック、ヴォルフ、クンマー、ルターの説教を筆記しまとめる役をした、ロート、クロイーツィガー、レーラー、家庭説教集を編集したボアハ、ルターの長男ハンスの家庭教師をしたヴェーラー、初期ルターの書物を印刷したH.ルフトとロッター父子、肖像画や聖書の挿絵を作成し、市の参事会員で、市長も務めたクラナッハ、ルターの音楽上の相談相手のライプチヒから逃れてきたG.ラウなど、多数の者がいた。

れに対してもこのように大きな同情心をもっていたので、自分たちの珍重する持ち物の一部さえも売って、金に換えては彼らに与えていた。カタリーナの叔母で修道院にともにいたマグダレーナは彼女の膨大な家政の一部を担ってくれた。当時はペストが非常に流行し、1527 年の暮れにはヴィッテンベルクにも入ってきた。黒い修道院は、大勢のペスト罹患者の避難場所になった。もちろん、ルターもカタリーナも協力して看護にあたり、また、両親と死に別れたばかりの多くの孤児たちも引き受けた。その他、1528 年には修道院を脱走してきたミュンスターベルク公女ウルズラが、1537 年にはブランデンブルク選帝侯夫人エリザベートが避難してきたり、多くの亡命者たちも長期にわたってルター家で過ごした。このように、この大所帯の切り盛りは並大抵ではなかったことが想像され、カタリーナはルターの運動を妻の立場で間接的に支えたことがわかる。

　他方、アルギュラは、彼女自身が宗教改革運動に直接関わった。きっかけは、「アルザシウス事件」である。彼女が在住していたのはインゴルシュタット、レーゲンスブルクの近くであるが、1519 年には、レーゲンスブルクでは、シェーネ・マリア教会への巡礼が盛んになる一方、1517 年にルターが 95 カ条の提題を公表したことで、1519 年、ライプチヒにてルターとインゴルシュタット大学のヨハン・エックとの討論が行われた。このとき、エックはローマ教皇をキリストの代理者として崇拝することを言明した。この論争ではエックが成功をおさめ、ルターはこれより、異端者として火刑に処せられたボヘミアの宗教改革者フス同様、異端に属することが判定されたが、周知のとおり、ドイツ国民の多くがルターを支持したことが伝えられている。彼は大学へ戻り抗議を続け、立て続けに多数の論文や著作を公刊したが、ルターの著作は民衆に広く読まれ、アルギュラも熱烈な読者の一人であったようで、彼女の文書に記されている。もちろん、インゴルシュタットにもレーゲンスブルクにも、ルターの教説は入っていった。1522 年に、バイエルンのミュンヘンの裁判所ではルターの教説を拒否する命令が出されるが、このような社会の急激な変化のなかで、アルザシウス事件は起こった。この事件が元となり、1523 年に彼女がヨハン・エック率いるインゴルシュタット大学の神学部の教授陣に公開討論を申し出るに至る。

15世紀後期にはインゴルシュタットは宗教的ヒューマニズムの影響を受け、また他のドイツの町と同様、ルターの著作が入ってきた。しかし、インゴルシュタットの大学や行政機関はカトリック教会信奉者の勢力が強く、また特に贖宥状論争以来、ルターの論敵であり続け、大学学長代理で、教皇庁書記長であった神学教授ヨハン・エックは、神学部だけでなく大学全体に大きな影響力があった。そして大学側はルターの運動を警戒し排除しようとしていた。具体的には、聖餐は二種に分けるべきだと主張したインゴルシュタットのフランシスコ修道会管区長が弾劾されたり、書籍販売者たちはルターの著作を持ち込んだかどうかを組織的に調べられたりした。また大学関係者らは異端思想を審問され、宗教改革思想をもつ者は弾劾された。

　このようなルターの教説に対するカトリック側の締めつけがあるなかで、事件は起こった。アルザシウス・ゼーホーファは、1503年頃、ミュンヘンに生まれた富裕市民の息子で、インゴルシュタット大学とヴィッテンベルク大学で学んだ。彼がヴィッテンベルクで学んでいた1521年は、ちょうどルターがローマ教会から破門宣告を下され、帝国追放刑を皇帝カール5世に言い渡され、ザクセンの選帝侯フリードリヒの保護のもと、ヴァルトブルク城に隠れていた時期と重なる。アルザシウスはヴィッテンベルク大学において、ルター不在のなか、彼の協力者として働いていたメランヒトンのもとで、信仰による義の福音を学んだ。また、彼は当時、ヴィッテンベルク大学の急進的改革と市政の改革に指導的な役割を果たしていた過激派のカールシュタットの影響も受けたはずである。彼がヴィッテンベルクからインゴルシュタットへ戻る際、荷物とともにルターやメランヒトンの多くの著作を持ち帰った。新しい信仰的・神学的認識に触れたアルザシウスは、旧態依然であるインゴルシュタット大学で学ぶことは耐えられなかったであろう。彼はいったんはインゴルシュタット大学を辞めることを考えるが、家族の反対を受け、大学に在籍を続け、その後、彼は学位をとり、そのまま大学で教え始めた。しかし、彼の講義内容がルター的解釈であったため、異端の嫌疑を受けることになり、大学で取調べを受けると同時に、彼の宿舎も家宅捜索された。彼は3度投獄されたが、次に司教に宣告されれば、今度は必ず火刑になるというところを、父親の頼みによってその難を免れ、バイエルン公とイン

ゴルシュタット大学が彼の責任をとるということになった。これには条件があって、大学側の神学委員会はアルザシウスの過ちを17か条のリストにして、彼に突きつけた。最後に大学と裁判所側は一体となって、彼が誤りを認め、ルターの教えを放棄すれば、火刑は免じて修道院へ監禁するという妥協案を出し、彼はそれに同意した。

　このような出来事が、アルギュラを宗教改革運動のなかに直接、巻き込むきっかけになった。すなわち、まず彼女はアルザシウスが所信撤回を強制されたことを知り、直ちに福音派の牧師であるアンドレアス・オジアンダーの意見を尋ねるため、ニュルンベルクまで出向いた。このとき、この事件に対してオジアンダーはなにもよい策を講じなかった。そこで、彼女は義憤にかられて彼女自身がインゴルシュタット大学へ異議申立ての公開状を書いた。これが彼女が直接、宗教改革運動に関わった始まりであった。

　アルギュラは1523年9月20日にディートフルトに戻り、インゴルシュタット大学宛てに非常に率直で有効な書簡を作成し急送した。この書簡とゼーホーファ事件の全容、彼の17の過ちのリストと彼の所信撤回の誓願、そして序文と結語を載せたパンフレットは、印刷屋を通じて発行された。

　これに対して、インゴルシュタットの神学者たちは、彼女に対して激しく言論攻撃を行った。たとえば、インゴルシュタット大学のカトリック側の神学者ゲオルゲ・ハウワー博士は説教のなかで、アルギュラを「鼻持ちならぬエバの娘よ、異端の性悪女よ、呪われるべき悪魔よ」とののしり、「苦痛のない出産をしたマリアと比較して、おまえは子を産むとき、天使たちにではなく、金切り声をあげる女性たちに囲まれ、多くの苦しみと弱さを持つ哀れな女だ」と中傷した。インゴルシュタット大学ではバイエルン公にアルギュラのことを報告し、バイエルン公はアルギュラの監督を夫に任せ、また以後、彼女が抗議文書を書かないように彼女の指を切り落とすように命じた。アルギュラの夫は彼女の一連の行為によって行政官としての職を追われ、そのために彼女につらく当たるようになった。この後、彼女は迫害を恐れ、また理解しあえない夫と距離をおくため、ディートフルトを離れインゴルシュタット近くのレンティングに居を移し、その後、ヴュルツブルク近くのブルクブルムバッハで暮らした。

この間、アルギュラはルターと文通していたが、ルターは彼女を心から励まし、また彼女について、「バイエルン公は度を越して怒り狂っており、あらんかぎりの力を持って福音をなきものにしようと迫害しています。最も気高い女性であるアルギュラ・フォン・シュタウフは、バイエルンの地で偉大な精神を発揮し、大胆に発言しました。キリストが勝利されんことをすべての人が祈るべきです。インゴルシュタット大学がアルザシウス・ゼーホーファという青年に彼の信仰を撤回することを強制したので、夫人はこの大学を非難したのです。彼女に暴君ぶりを発揮している夫はその職を追われました。彼がどのようなことをするのかはだいたい見当がつきます。これらの怪物に取り囲まれて夫人はただ一人で堅く信仰を守っていますが、内心では恐れおののいていると漏らしています。夫人は特別なキリストの器です。キリストがこの弱い器を用いて、権力を誇る権威者どもを狼狽させ給うことを信じて夫人を支援します」[5]と述べている。

　1523年の秋、帝国国会がニュルンベルクで開かれ、プファルツ伯[6]はその議会にアルギュラを招いた。彼女はそこでプロテスタント史上の、ロビイストの一人として、諸侯たちが宗教改革運動に対して中立の立場をとるのではなく、この運動に積極的に参加するように呼びかけた。さらに彼女は、プファルツ伯に対して、この世の権力を恐れることなく真理を証しするように求めた。また、彼女はフリードリヒ賢公宛てに、神が、苦しんでいる人々に熱心に御言葉を宣べ伝えている人を強め、キリストを新たに十字架につけている異教徒の司祭を押さえつけるように、と記している。さらに、アルギュラは彼女の従兄で高い地位に就いているアダム・フォン・テーリング[7]が、彼女についての評判を聞いて非常に不快に思っていることを知って、彼宛てに書簡を送った。彼女は、自分はルター派といわれているようだが、そうではなく、ルターの名によってではなく、キリストの名によって洗礼を受けてい

---

5) Martin Luther, W. W. Briefwechsel II, No. 509, IV, Nos. 706, 713, 800, V, 1581-4.
6) ジーメルンのヨハンのこと。拙訳「ジーメルンのヨハン宛ての書簡（1523）」（伊勢田 2013、107-108 頁、本書 45 頁以下）参照。
7) 拙訳「アダム・フォン・テーリング宛ての書簡（1523）」（伊勢田 2013、108-113 頁、本書 55 頁以下）参照。

ること、しかし、ルターが真のキリスト教徒であることは確信していることを表明している。そして自分の信仰を証しするとともに、夫が彼女の内なるキリストを大いに迫害していて、この点において、夫に従うことはできないとして、はっきりと信仰の自由を述べている。さらに、保守的で権威主義の従兄であるテーリングに対して恐れることなく、死ぬ前に福音書を読むようにと勧告さえしている。

　他方、インゴルシュタット大学では、1523 年 11 月に、学生はルターの教説を主張してはならないことを決定し、この決定により、インゴルシュタットは公に反宗教改革運動の中心都市となっていった。ゼーホーファ事件に関連して 1524 年 4 月 11 日に、大学側はさらに、キリスト教徒の自由、信仰、希望、愛についての討論会を企画したが、宗教改革運動の信奉者らは思想弾圧を恐れてこれに出席しなかったため、この企画は失敗に終わった。同年 5 月にレーゲンスブルクで国会が開かれ、そこでルターに対してヴォルムス勅令を行使することが議された。アルギュラはレーゲンスブルクの議会に宛てて、彼らがサタンに唆されて神の言葉に反して権力を行使しようとしているとして侮辱を覚悟で抗議すると述べた。

　その年の初夏、インゴルシュタット大学の学生で、ヨハネスと名乗る匿名の者から詩の形式で、アルギュラに対して挑戦があった。その内容はアルギュラを甚だしく中傷したものであった。その匿名の文書によれば、彼女の意図は、純真な人々に対して聖書を用いてだますことであるとし、また彼女が評判を回復し、自分の生活を守りたいと思うのなら、家庭内の役割にだけ専念すべきだとした。彼女は、匿名の学生に対して、公の場に出て正々堂々と討論するように申し出ると同時に、彼の勇気の欠如を、彼女も詩の形式で応戦した。

　他方、1524 年 7 月 6 日に、ついにインゴルシュタットではヴィッテンベルク大学で学ぶことが禁じられた。1524 年の秋、アルギュラは、詩の形式で抗議文書を発表したが、これは彼女の最後の出版となった。彼女は常にキリスト者としての自由をもって正々堂々と、挑戦してくる者に対して真摯に立ち向かったが、彼女の武器は、論戦において、常に揺らぎのない聖書から答えを見つけ、述べることであったと考えられる。

以上のように、両者ともルターの運動に強く影響されて、自分を取り巻く社会の問題に立ち向かい、さまざまな権威の前に屈せず、自分の主体性をもって16世紀という中世から近代へ向かう時代を生きた新しい女性たちといえよう。

さて、ここで主婦である彼女たちの家政について考えてみたいが、彼女たちの結婚に至る過程、またその後の結婚生活はまったく異なっている。カタリーナの結婚が自分の意思であったのに対しアルギュラのそれは受動的であった。

まず、カタリーナとルターの結婚についてだが、じつは1524年にルターはアルギュラから、彼自身の「教会の司祭が結婚するかしないかは各人の自由に任せるべきである」という教説を証明するために結婚を勧める内容の手紙をもらっていた。修道女カタリーナと修道士ルターの結婚は、ルターのひとつの信仰表明になったかもしれない。「結婚は神の賜物であり、最も愛すべきもの、また、最も貞潔な生活でもある。結婚生活の中に、信仰と子どもとサクラメントがあるなら、それは神聖であり、神の祝福の下にある」と彼が『卓上語録』で語っているほど、ルターとカタリーナの結婚生活は豊かなものだったことが想像される。

他方、アルギュラは二度の結婚歴があるが、いずれも便宜のために結婚したのであり、お互いが愛情と信頼関係で結ばれているものではなく、夫婦の気持ちは離れていたと想像される。夫婦関係がほのめかされている1524年のアルギュラの長い詩のなかで、すでに述べたように、彼女が家庭の務めを果たしていないとか、また、カトリック教会に忠誠を誓っている彼女の夫に対する当然の愛と尊敬を示すことを怠っているという指摘に対して、彼女は怒って論駁しているが、やはり、指摘されているとおりではないかと考えられる。しかしながら、「神が、私が理解できるように教えてくださいますように。どのように、私は夫に対してふるまうべきなのかを」という一節から、彼女なりに彼を理解しようと試みていたこともわかる。他方、「アダム・フォン・テーリング宛ての書簡」のなかにみられる、彼女の夫が彼女のなかにあるキリストを圧迫してきたという不吉な指摘から、夫フリードリヒは、もし必要なら、肉体的暴力を使っても、「彼女を自分に従わせる」ため

に非常な圧迫をしてきたことがうかがえる。アルギュラが書簡のなかで、バイエルンの女性が配偶者たちの暴力やセックスの体験で苦しんでいると、一般的にではあるがいきいきと触れているのは、彼女自身の経験に基づいているのではないだろうかと考えられる。夫フリードリヒが亡くなるやいなや、彼女はまったく、単独の親となった。

　1533 年、アルギュラは、一族がフォン・シュタウフ家と非常に親しい関係にあった、カウント・フォン・シュリックと再婚したが、悲しいことに、1535 年に彼は亡くなっている。

　次に、両者の子どもの養育について考えてみよう。まず、カタリーナの子どもたちについてであるが、3 人の男の子（ハンス、マルティン、パウル）と 3 人の女の子（エリーザベト、マグダレーナ、マルガレーテ）が生まれた。エリーザベトは 1 歳で、マグダレーナは 14 歳で死んだ。ルターは、家族を教会の原型と考え、教理問答の教育を勧めたり、また霊的権威もこの世の権威もともに家族の秩序に根ざすものと考えていた。これはまず、その自分自身の家庭から練られたものであったにちがいない。『大教理問答』によれば、子どもを神の愛と知識のうちに育てることを謳っている。彼の解する家族とはそれぞれの召された位置で互いに神の仮面として働くべきであり、信仰が他者のために働くいちばん身近な場だとしていた。そして彼女はそのルターの教育方針に基づき、自分の子どもたちに実践した。ルターは「結婚における調和ほど美しいものはなく、不和ほど辛いものはない。その次に辛いのは子どもをなくすことだ。それがどんなに大きな痛みであるか、わたしはよく知っている。……結婚は夫婦のあいだの愛、両親の子どもに対する愛に基づいており、親は、子どもを養い、衣服を着せ、育てて、看病するのである。もし、子どもが病めば、親は心配で病むのだ。夫が病めば、妻は自分が病んでいるかのように、心を砕くのだ。結婚には憂慮、心配や困難が伴うということは事実であるが、キリスト教徒はこれらの苦しみを避けてはならない」と述べているが、このようなルターの結婚観や家族観は彼らの現実の家族関係から生まれたものであろうし、またルターの理想をカタリーナは実践しようとしたと考えられよう。彼女は夫を敬愛し、そして子どもを愛し、教育した。カタリーナはこのように夫ルターの信仰に基づいた教育方針を尊重し、

夫婦が協力しながら子どもたちを育てた。

　他方、アルギュラは彼女ひとりで子どもたちを養育している。既出のとおり、従兄アダム・フォン・テーリング宛ての書簡に「彼は私のなかのキリストを非常に苦しめています。……私は夫に従うべきではないのです」とはっきりと述べているほど、アルギュラとカトリック信奉者である彼女の夫とは信仰において交わるところがなかった。それは教育方針においてもで同様であり、彼女は4人の子どもたち（長男ゲオルゲ、次男ハンス・ゲオルク、三男ゴットフリート、長女アポロニア）に福音主義に基づく教育を行った。そして、彼女が公の場で活動できなくなった以後もその方針は変わらなかった。ゲオルゲは、1524年から1525年にかけて、ニュルンベルクへ行き、学校生活の前半は再洗礼派の指導者であったヨハン・デンクの指導を受けた。後半はヨハン・ケッツマンが指導をしたが、ゲオルゲが急進的思想に傾倒していたため、1525年1月にケッツマンは彼の指導を辞退した。4年後、ゲオルゲはヴュルツブルク大学で学んだが、ちょうどその頃、メランヒトンが滞在していて、彼の指導も受けたようである。ハンス・ゲオルクは、アンスバッハの宗教改革者、アンドレアス・アルトハマーの指導を受けた。その後、インゴルシュタットに戻り、ゴットフリートとともに、オルガニストで福音主義のヴォルフガング・レイツマイヤーの指導を受けた。夫の教育に関する記述がないことや、夫が先に亡くなった点から、彼女の夫たちはほとんど子どもの養育に関わっていなかったのかもしれない。

　以上のように、カタリーナは夫とともに温かな家庭をつくり、二人で子どもたちに関わって世話をしたことが想像されるが、他方、アルギュラはあくまでも便宜的な結婚であったために夫婦間に愛情がなく、二人で協力して家庭をつくっていったとは到底考えにくい。しかしながら、アルギュラの子どもたちへの愛情は強く、また大きな期待をもって、子どもたちを養育したことがわかる。

　二人の家政一般についてみると、カタリーナもアルギュラも、財産管理から家事、養育など全面的に家庭内を切り盛りしていた。カタリーナは既出のとおり、常に子どもたち、客、学生、親戚の子どもたちが20〜30人いたので、この大所帯を世話することが大仕事だった。ルターは大学での講義、礼

拝説教、たび重なる討論会、論文執筆などで忙しく、家の中のことはすべてカタリーナに頼っていた。彼女は住んでいる修道院の畑でいろいろな食糧を自給自足のために作ったが、1532 年と 1540 年にルターがカタリーナのために購入したザウマルクトとツルスドルフの土地で、カタリーナ自身、家畜の世話をし、ミルクをしぼり、家畜の屠殺、バター、チーズ作り、ビールの醸造、種まきから刈り入れなどをした。このようにカタリーナは、家計、家族の維持、教育等について全面的にその責務を担っていた。

　同様にアルギュラも、不動産を管理するとともに、子どもたちの教育を全面的に監督し、また福音主義の教説を学ばせるための学費や下宿代などの資金も工面していた。また遠く離れている子どもたちに彼女は手紙を書いたが、特に 1532 年、1 年間病気だった、ニュルンベルクにいる娘のアポロニア（おそらく、彼女はそこで教育を受けていた）の体を案じて、彼女への慰めの手紙を書いている。アルギュラはまさに、一家の主婦であるばかりでなく家長のような働きをしていたようである。以上、アルギュラもカタリーナも、賢明で強くたくましい主婦であり母親であったといえよう。

　最後に、両者がこの運動に関わったことで幸福であったかどうかであるが、これは彼女たちの後半の人生を見て考察してみよう。カタリーナについては、ルターの死後、精神的支えを失い、そのうえ、シュマルカルデン戦争に巻き込まれることになる。シュマルカルデン同盟は、皇帝カール 5 世が帝国内の宗教問題を処理しようとして開催したアウグスブルク帝国議会において、プロテスタント諸侯側から提出された『アウグスブルク信仰告白』が否決されたことに対して、1531 年、ドイツのプロテスタント諸侯と諸都市がテューリンゲンの小都市、シュマルカルデンで結成した同盟であった。その後、皇帝側はニュルンベルク和議の不履行やその他さまざまの圧力をプロテスタント側に加えていた。ルターの死後、1546 年には皇帝は体制を整え、シュマルカルデン戦争を始めた。ヴィッテンベルクは皇帝軍に包囲され、カタリーナは子どもたちとマグデブルクに逃げた。その後、敵が去るとカタリーナらはヴィッテンベルクの黒い修道院に戻り、敵が侵入すると逃げるという生活が続いた。さらに、再び国中にペストの猛威が広がった。平和時には

カタリーナの所有する財産は幾人かの寄宿している学生の賄い費もあり、生活は何不自由ないはずだった。しかし、莫大な税金がかかる戦争となり、経済的にも困難な状態に陥っていった。ペストが広がった1552年、カタリーナは、三男のパウルと三女マルガレーテを連れてヴィッテンベルクからトルガウに逃げる途中、落馬して、それが原因で、1552年12月20日、53歳で亡くなった。

　他方、アルギュラは最後の詩を刊行した1524年以後、執筆活動はみられない。彼女の沈黙と同時に、当局のプロテスタントに対する警戒と検閲は強まり、また、もちろんパンフレットによる攻勢も不可能となったにちがいない。それでも彼女はカトリック勢力の強いバイエルン地域で生活していかなければならなかった。さらに、1524年6月に勃発したドイツ西南部の伯爵領における農民反乱がやがて農民戦争として拡大し、家庭内では夫の失職、そして1530年、アルギュラがルターを訪問してまもなく夫が亡くなり、彼女は未亡人となった。すでに述べたように、その後、土地持ちのカウント・フォン・シュリックと再婚したが、彼も2年後に亡くなった。彼女は遺産を与えられ、土地の管理と子どもたちの世話で忙しくなるが、しかし、自分よりも先に子どもたちが次々と亡くなるという現実の生活のなか、公に宗教改革運動を続けていくことは困難だったと思われる。すなわち、彼女はグルムバッハ家の不動産についての財政的困難に打ち勝とうと苦闘しつつ、そのなかで、1539年に長女アポロニアと長男ゲオルゲが、1544年に次男ハンス・ゲオルクが亡くなるという悲劇にたてつづけに直面したのである。彼女自身は、1554年、ツァイリッツハイムで亡くなったとされている。

　以上、カタリーナもアルギュラもともに、外面からみれば、決して幸福な生涯とはいえそうにない。しかし、両者とも、信仰の自由を得たことで精神的自由を得られ、聖書を第一に、まさに信仰義認を信じて、自分らしい生き方を貫くことができたといえよう。その点では、ルターの思想に触れたことで彼女たちは一人の人間として主体的に生きられ、幸福だったのではないかと想像する。

　以上、アルギュラとカタリーナの生涯を、ルターの教説を背景に、さまざ

まな観点から考察し、相違点、共通点を論じてきた。カタリーナにとっては、ルターとの結婚が大きな転換点であったことは疑いがない。彼女はルターを特に健康面、精神面で支え、家政を彼女に与えられた神からの第一の使命として、福音主義に基づき、信仰を守りながらその生涯を送ったと考えられる。他方、アルギュラは決して恵まれた結婚生活を送っていなかった平信徒で、修道院や大学で聖書解釈の正式な教育を受けたわけでもなく、また4人の子をもつ主婦であるが、アルザシウス事件をきっかけに、「抵抗」という手段をもって改革運動を実践する生き方をしたと考えられる。

　このまったく異なる背景がある二人がルターの教説を積極的に受け容れ、その生き方に反映していったことを考察することで、ルターの宗教改革を当時の人々がどのように受容し展開していったのか、その一端を学ぶことができた。まさに、普遍的な諸勢力や教会的、文化的な諸基準への中世的な束縛から個人が抜け出し、自らの固有の思考や感情を自由に発展させようとする機運が、彼女たちの生きざまを通して垣間見られたといえよう。

［一次文献］
Martin Luther, W. W. Briefwechsel II, No. 509, IV, Nos. 706, 713, 800, V, 1581-4.
Matheson, Peter（ed.）（1995）, Argula von Grumbach: A Woman's Voice in the Reformation, Edinburgh, T & T Clark.
Matheson, Peter（ed.）（2010）, Argula von Grumbach, Heidelberg, Gütersloher Verlagshaus.

［参考文献］
伊勢田奈緒訳（2013）「アルギュラ・フォン・グルムバッハによる宗教改革的文書(2) アルギュラ・フォン・グルムバッハ稿『ジーメルンのヨハン宛ての書簡（1523）』『アダム・フォン・テーリング宛ての書簡（1523）』『レーゲンスブルクの人々宛ての書簡（1524）』の翻訳」環境と経営 19 巻 1 号、107-115 頁。
ウォーカー，ウィリストン（塚田・八代訳）『宗教改革』ヨルダン社。
ドゥフロウ，ウルリッヒ（佐竹・泉訳）（1980）『神の支配とこの世の権力の思想史』新地書房。
徳善義和（1985）『キリスト者の自由』新地書房。
徳善ほか訳（1985）『宗教改革著作集〔第七巻〕』教文館。
ベイントン，R.（出村彰訳）（1966）『宗教改革史』新教出版社。
松田智雄編（1979）『ルター〔世界の名著 23〕』中央公論社。
Bainton, Roland H.（1971）, Women of the Reformation in Germany and Italy, Boston.

Bainton, Roland H.（1973）, Women of the Reformation in France and England, Boston.
Beutel, Albrecht（ed.）（2011）, Den Menschen nahe: Briefe an Freunde und an die Familie, Leipzig.
Dehnerdt, Eleonore（1999）, Kloster, Pest und Krippenspiel, Neukirche-Vluyn.
Domröse, Sonja（2010）, Frauen der Reformationszeit, Göttingen.
Haase, Lisbeth（1999）, Katharina von Bora, Luthers Morgenstern zu Wittenberg, Stuttgart.
Hsia, R. Po-chia（ed.）（1988）, The German People and the Reformation, London.
Kirchmeier, Bernhard（2008）, Argula von Grumbach, Norderstedt.
Koch, Ursula（1995）, Rosen im schnee, Katharina Luther, geborene von Bora-Eine Frau wagt ihr Leben, Berlin.
Markwald, Rudolf K. / Marilynn Morris Markwald（2002）, Katharina von Bora, St. Luis.
Marshall, Sherrin（ed.）（1989）, Women in the Reformation and Counter-Reformation Europe, Bloomington.
Matheson, Peter（1998）, The Rhetoric of the Reformation, Edinbrugh.
Thoma, D. Albrecht（2006）, Katharina von Bora, Teddigton.
Wallace, Peter G.（2004）, The Long European Reformation, Hampshire.

資料

アルギュラ、カタリーナ、ルターらと、
その時代の宗教改革関連年表

資料　アルギュラ、カタリーナ、ルターらと、その時代の宗教改革関連年表

年	アルギュラ・フォン・グルムバッハ関連	カタリーナ・フォン・ボラ関連
1472		
1483		
1492	レーゲンスブルク近くのベラーツハウゼンにて誕生。	
1499		リッペンドルフにて誕生（1/29）。
1501		
1502	父からコベルガー版聖書を与えられる。	
1503		
1505		母が亡くなり、父が再婚。ブレーナのベネディクト修道院へ。
1507	バイエルン大公妃クニグンデの女官となる（1507頃〜1516）。	
1508		
1509	両親がペストのため亡くなる（1509頃）。	ニムシェンの女子修道院へ。
1512		
1513		
1515		修道女になるため誓願を立てる。
1516	叔父で後見人のヒエロニムス・フォン・シュタウフ、インゴルシュタットにて裏切り者として斬首。 フリードリヒ・フォン・グルムバッハ（ディートフルトの行政官に任命される）と結婚。	
1517		
1519		
1520		
1521		
1522	兄ベルンハルディンが福音主義説教者としてレオポルド・モーゼルを雇う。	

年	時代背景および宗教改革(主としてマルティン・ルター)関連
1472	インゴルシュタット大学創立。
1483	ルター、ドイツザクセン選帝侯領に属するマンスフェルト伯領内アイスレーベンにて誕生(1/10)。
1492	
1499	
1501	ルター、エルフルト大学入学。
1502	ヴィッテンベルク大学創立。
1503	アルザシウス・ゼーホーファ誕生(1503頃)。
1505	ルター、エルフルト大学にて文学修士を獲得後、法学部へ移る。エルフルトにあるアウグスティヌス修道会に入る(7/17)。
1507	ルター、司祭に叙品される。
1508	ルター、ヴィッテンベルク大学の人文学部で教鞭をとる。
1509	
1512	ルター、ヴィッテンベルク大学の神学部教授に就任。神学博士号をとる。
1513	教皇レオ10世によって贖宥状の販売がドイツに布告される。
1515	ルター、改革的転換(神の義)。
1516	
1517	ルター、「95ヶ条の提題」をヴィッテンベルク城の教会に掲示。
1519	ライプチヒにて、ルターとヨハン・エックとの討論。レーゲンスブルクにてユダヤ人追放、レーゲンスブルク市民シェーネ・マリア教会への巡礼始まる。
1520	ルター、宗教改革の三大文書『ドイツのキリスト教貴族に与える書』、『教会のバビロン捕囚について』、『キリスト者の自由』を出版。ヴィッテンベルクのエルスター門の広場で教会法規集、道徳哲学の書、教皇の破門威嚇の大教書を焼く。
1521	ルターに正式の破門状が発せられる。ヴォルムス勅令の発布により帝国追放の刑に処せられたルターは、ヴァルトブルク城に身を隠す。 アルザシウス、ヴィッテンベルク大学にて学ぶ。
1522	ルター、ヴィッテンベルクへ帰還。新約聖書のドイツ語訳を出版。レーゲンスブルクにて、著作8点が印刷される。

[資料] アルギュラ、カタリーナ、ルターらと、その時代の宗教改革関連年表

年	アルギュラ・フォン・グルムバッハ関連	カタリーナ・フォン・ボラ関連
1523	ニュルンベルクの宗教改革者アンドレアス・オジアンダーにアルザシウス事件について相談。よいアドバイスは得られずとも励まされる。宗教改革運動（執筆活動）開始。①インゴルシュタット大学宛ての書簡（2ヶ月で13刷）、②ヴィルヘルム公宛ての書簡、③インゴルシュタット議会宛ての書簡、④ジーメルンのヨハン宛ての書簡、⑤フリードリヒ賢公宛ての書簡、⑥アダム・フォン・テーリング宛ての書簡。	父、亡くなる。ニムシェン女子修道院から8人の修道女とともに脱走。修道女たちはひとまず、画家ルーカス・クラーナッハ宅へ。カタリーナは2年間、ヴィッテンベルクのある家庭に身を寄せる（家政を身につける）。
1524	ルターに対して発せられたヴォルムス勅令をレーゲンスブルクにおいても行使することがレーゲンスブルク国会にて議されたことに対し、国会に書状（⑦のパンフレット）を出す。⑦レーゲンスブルクの人々宛ての書簡、⑧ランツフートのヨハネスの非難とアルギュラの返答。⑧を最後に執筆活動をやめる。ルターに結婚を勧める手紙を出す。断筆後は財産を倹約し、子どもたちによい教育を受けさせることに熱心になる。長男ゲオルゲをニュルンベルクへやり、はじめはハンス・デンク、後半はヨハン・ケッツマンの指導を受けさせるが、急進的思想のために1525年1月に追い出される。	
1525	夫、ディートフルトの行政官を解雇される。ディートフルトを去り、インゴルシュタットの近くのレンティングへ、その後、ヴュルツブルクの近くのブルクブルムバッハに住む。次男ハンス・ゲオルクと長女アポロニアをアンスバッハの宗教改革者、アンドレアス・アルタマーの下で学ばせ、三男ゴットフリードをインゴルシュタットのオルガニスト、ヴォルフガング・レイツマイヤー（ルター派）の下で学ばせる。	ルターと結婚。アウグスティヌス派修道院（「黒い修道院」）に住む。
1526		長男ヨハネス（ハンス）、誕生。叔母マグダレーナ同居。
1527	バイエルン地方がカトリック優勢になり、プロテスタント支持のニュルンベルクへ。	ヴィッテンベルク一帯、ペストが猛威を振るい、夫婦でペスト患者を看病する。長女エリーザベト、誕生。
1528		エリーザベト、亡くなる。修道院を脱走したミュンスターベルク公女ウルズラ、「黒い修道院」に滞在。

年	時代背景および宗教改革(主としてマルティン・ルター)関連
	インゴルシュタット大学においてルター教説支持を禁止。 ミュンヘンの裁判所はルターの教説受容を拒否する命令を出す。 アルザシウス、インゴルシュタット大学側から厳しい異端の警告を受ける。
1523	騎士たちの反乱。 ヴィッテンベルクの礼拝改革。 インゴルシュタット大学はルターの教説を異端として禁止する。 インゴルシュタット大学にてアルザシウス事件が起こる。 ルター、『この世の権威について』発表。礼拝改革、教会制度、規則の成立など実際的改革を実行していく(～1524)。
1524	農民戦争勃発(～1525)。 インゴルシュタットではヴィッテンベルク大学入学を禁ずる。
1525	ルター、『シュワーベンの農民の12ヶ条に対する平和勧告』、『農民の殺人・強盗団に抗して』発表。修道女カタリーナ・フォン・ボラと結婚。 シュパイエル帝国議会にて宗教改革に与する諸侯らが『抗議文書』を提出。 マールブルクにてルター派とスイス改革派の聖餐論争。
1526	ルター、ザクセン選帝侯領訪問。ツヴィングリと聖餐論争。
1527	ルター、夏に重病で苦しむ。
1528	

[資料]アルギュラ、カタリーナ、ルターらと、その時代の宗教改革関連年表

年	アルギュラ・フォン・グルムバッハ関連	カタリーナ・フォン・ボラ関連
1529	長男ゲオルゲをヴィッテンベルク大学へ。メランヒトン（寄宿）のもとで学ばせる。	次女マグダレーネ、誕生。
1530	コーブルク城に滞在しているルターを訪問。夫フリードリヒ・フォン・グルムバッハ、亡くなる。	
1531		次男マルティン、誕生。
1532	ニュルンベルクにいる、1年間病気の長女アポロニアを案じて、慰めの手紙を書く。	
1533	パッサウのカウント・フォン・シュリック（プロテスタント信奉者）と再婚。	三男パウル、誕生。
1534		三女マルガレーテ、誕生。
1535	夫カウント・フォン・シュリック、亡くなる。	「黒い修道院」1階を改造。ルターの甥や姪8人、カタリーナの親戚エルゼとレーネと同居。
1536		
1537		ブランデンブルク選帝侯夫人エリザベート、「黒い修道院」へ避難。
1539	長男ゲオルゲ、亡くなる。長女アポロニア、亡くなる。	ヴィッテンベルクに再び、ペストが流行する。ミュンスターで両親を亡くした4人の孤児を引き取る。
1540		重病に苦しむ。病気快復後は、ツルスドルフの土地を農場にし、管理する。
1541		カタリーナ、ツルスドルフから長い間、戻らず。
1542		次女マグダレーネ、亡くなる。
1544	次男ハンス・ゲオルク、亡くなる。	
1546		皇帝軍進軍のためにマグデブルクへ逃げる。
1547		春、皇帝軍に対してさらに逃げる。夏、ヴィッテンベルクへ帰る。

[資料] アルギュラ、カタリーナ、ルターらと、その時代の宗教改革関連年表　　173

年	時代背景および宗教改革(主としてマルティン・ルター)関連
1529	シュパイエル国会にて福音主義の諸侯らが「抗議文書」を提出。 ルター、マールブルクでの神学討論に参加。
1530	「アウグスブルク信仰告白」をアウグスブルク帝国議会に提出。 ルター、メランヒトンと協力して「トルガウ信条」を作成。 ルターの父、亡くなる。
1531	皇帝カール5世に対抗し、ドイツのプロテスタント諸侯と諸都市が、シュマルカルデン同盟を結成。 ルターの母、亡くなる。
1532	ルター、病気に苦しむ。カタリーナのためにザウマルクトに庭を購入。
1533	
1534	ルター、聖書のドイツ語訳完成し、出版。
1535	
1536	ルター、「シュマルカルデン条項」作成。
1537	ルター、福音主義者の会議に出席するためにシュマルカルデンに行く。
1539	ルター、ヘッセン方伯フィリップの重婚に勧告。
1540	ルター、カタリーナのために義兄のハンス・ボラからリッペンドルフにあるツルスドルフの土地を購入。
1541	レーゲンスブルク宗教会談（エックとメランヒトン）。 ルター、カタリーナへ「黒い修道院」へ帰るように手紙を書く。自称修道女、ロジナに家政を任せるが、詐欺師だった。
1542	
1544	ルター、ツァイツに旅するが疲れて戻る。
1546	ルター、前年12月～1月7日までマンスフェルトに旅してマンスフェルト伯の紛争問題の解決にあたる。さらに、マンスフェルト伯の紛争解決のため彼の3人の息子とともにアイスレーベンに行く。途中、カタリーナに宛て6通の手紙を出す。 ルター、アイスレーベンにて亡くなる（2/18)。亡骸をヴィッテンベルクの城教会に連れ戻す。 シュマルカルデン戦争始まる（～1547)。
1547	シュマルカルデン同盟敗北、ザクセン選帝侯とヘッセン方伯捕縛される。

年	アルギュラ・フォン・グルムバッハ関連	カタリーナ・フォン・ボラ関連
1548		
1549		長男ハンス、アルバート公によって設立されたケーニヒスベルク大学で、法律を学ぶ（〜1551）。
1551		ハンス、エリザベス・クロイーツィガー（父はルターの説教をまとめた人物）と結婚。
1552		ヴィッテンベルクに再びペストが流行する。ペスト患者が「黒い修道院」に増えるにしたがって、ついにカタリーナはパウルとマルガレーテを連れ、トルガウへ逃げる。途中、落馬し、3ヶ月後（12/20）、亡くなる。
1555		
1556	アルギュラ、ツァイリッツハイムにて亡くなる（1556 or 1557?）。	

Argula von Grumbach（1492-1556（?））

・両親
Bernhardin von Stauf
Katharina von Thering

・叔父／後見人
Hieronymus von Stauf

・兄弟姉妹
Bernhardin von Stauf
ほかに6人（名前不明）

・夫
Friedrich von Grumbach（ -1530）
Graf von Schlick（ -1535）

・子ども
George（ -1539）
Hans Georg（ -1544）
Gottfried
Appollonia（ -1539）

Katharina von Bora Luther（1499-1552）

・両親
Hans von Bora（ -1523）
Katharina von Haubitz（ -1505）

・叔母
Magdalete von Haubitz
Magdalena von Staupiz

・兄弟姉妹
Hans
Georg
ほかに弟と妹（名前不明）

・夫
Martin Luther（1483-1546）

・子ども
Johannes（Hans）（1526-1575）
Elisabeth（1527-1528）
Magdalena（1529-1542）
Martin Jr.（1531-1565）
Paul（1533-1593）
Margarethe（1534-1570）

年	時代背景および宗教改革(主としてマルティン・ルター)関連
1548	アウグスブルク帝国議会：仮信条協定。
1549	
1551	
1552	パッサウ条約：ザクセン公モーリッツ、カール5世にアウグスブルク信仰告白を承認させる。
1555	アウグスブルク宗教和議：領邦教会制。
1556	

あとがき

　本を出すこと、これは私の夢でした。この夢が現実になることに心から感謝いたします。そして、その本を出版するにあたって、アルギュラ・フォン・グルムバッハを紹介できることも格別の喜びです。

　私は 2000 年 9 月から 2002 年 9 月まで、スコットランドのセント・アンドリュース大学大学院のリフォメーション・スタディ・インスティチュート（宗教改革研究所）で、アンドリュー・ペテグリ教授の指導のもと、宗教改革運動について学んでいました。それまで私は東京神学大学大学院博士課程においてスコットランドの宗教改革者ジョン・ノックスについて研究をしていたので、さらに研究を深めるために、ノックスが学んだセント・アンドリュース大学に留学したのです。

　セント・アンドリュースでは、ノックスの研究とは別に、宗教改革研究では第一人者である先生方の講義を聴く機会が多くあり、宗教改革運動を多方面から学ぶことができ、実り多い留学体験でした。毎週、ペテグリ教授から課題を出され非常に苦労しましたが、しかし、宗教改革運動に関する興味深いことを多く知ることができました。そのなかでも衝撃を受けた人物が、アルギュラ・フォン・グルムバッハでした。私はそこで、はじめて、宗教改革運動に女性たちまでも加わったことを知ったのです。

　アルギュラについては、日本に帰ってから研究しようと、史料を集めて帰国しました。日本に帰国してからいろいろ調べましたが、やはり日本では彼女について研究したものはないことがわかりました。それ以来——もちろん、

ジョン・ノックスについて、また宗教改革運動の研究は続けましたが——アルギュラの著作を翻訳したり、論文を発表したりしてきました。16世紀初頭のルターの宗教改革運動勃発からその運動の浸透を直接知ることができる重要な彼女の考え方とともに、他方、彼女の行動力、彼女の情熱、彼女の一生懸命さ、彼女の勇敢さは、21世紀に生きる私たちにとっても大いに励まされるものであると思い、彼女についての本を出せることに、このうえない喜びを感じています。

　本書を出版するにあたって、これまで私を支え続けてくれた父哲也と母壽満子に心から感謝します。そして、日本評論社の武藤誠氏（2015年退職）と高橋耕氏にも心から感謝いたします。

2016年5月

伊勢田 奈緒

初出一覧

[第 1 部]

1　インゴルシュタット大学宛ての書簡：一ルター派青年擁護のための
　　抗議文　1523 年
　　「アルギュラ・フォン・グルムバッハによる一ルター派青年擁護のための
　　抗議文：アルギュラ・フォン・グルムバッハ稿『インゴルシュタット大学
　　宛ての書簡』(1523) の翻訳」
　　『環境と経営』(静岡産業大学論集) 17 巻 2 号（2011 年 12 月）103-113 頁

2　ヴィルヘルム公宛ての書簡　1523 年
3　インゴルシュタット議会宛ての書簡　1523 年
5　フリードリヒ賢公宛ての書簡　1523 年
　　「アルギュラ・フォン・グルムバッハによる宗教改革的文書(1)：アルギュ
　　ラ・フォン・グルムバッハ稿『ヴィルヘルム公宛ての書簡 (1523)』『イン
　　ゴルシュタット議会への書簡 (1523)』『フリードリヒ賢公宛ての書簡
　　(1523)』の翻訳」
　　『環境と経営』(静岡産業大学論集) 18 巻 1 号（2012 年 6 月）97-107 頁

4　ジーメルンのヨハン宛ての書簡　1523 年
6　アダム・フォン・テーリング宛ての書簡　1523 年
7　レーゲンスブルクの人々宛ての書簡　1524 年
　　「アルギュラ・フォン・グルムバッハによる宗教改革的文書(2)：アルギュ
　　ラ・フォン・グルムバッハ稿『ジーメルンのヨハン宛ての書簡 (1523)』
　　『アダム・フォン・テーリング宛ての書簡 (1523)』『レーゲンスブルクの
　　人々宛ての書簡 (1524)』の翻訳」
　　『環境と経営』(静岡産業大学論集) 19 巻 1 号（2013 年 6 月）107-115 頁

8　ランツフートのヨハネスの非難とアルギュラの返答　1524 年
　　「アルギュラ・フォン・グルムバッハによる宗教改革的文書(3)：アルギュ
　　ラ・フォン・グルムバッハ稿『ランツフートのヨハネス：非難と返答』の
　　翻訳」
　　『環境と経営』(静岡産業大学論集) 19 巻 2 号（2013 年 12 月）167-177 頁

［第 2 部］

1　ルター時代の女性宗教改革者アルギュラ・フォン・グルムバッハの自由と抵抗についての一考察

　「ルター時代の女性宗教改革者アルギュラ・フォン・グルムバッハの自由と抵抗についての一考察」
　『静岡英和学院大学・静岡英和学院大学短期大学部紀要』10 号（2013 年 3 月）39-54 頁

2　アルギュラ・フォン・グルムバッハと聖書

　「アルギュラ・フォン・グルムバッハと聖書」
　『静岡英和学院大学・静岡英和学院大学短期大学部紀要』12 号（2014 年 3 月）11-23 頁

3　ルターの妻カタリーナとアルギュラ・フォン・グルムバッハ

　書き下ろし

著者略歴

伊勢田 奈緒（いせだ・なお）

静岡英和学院大学人間社会学部教授、静岡産業大学非常勤講師。日本キリスト教団牧師。日本キリスト教学会、キリスト教史学会、キリスト教教育学会所属。2000年、ジョン・ノックスの研究のためスコットランドのセント・アンドリュース大学大学院宗教改革研究所において学び、宗教改革運動の奥深さを知る。現在は大学でキリスト教学の講義を担当。16世紀ヨーロッパを揺るがせた宗教改革運動を多面的に研究しており、当時の人々についてより多くの人に紹介したいと考えている。毎年夏にドイツに行き、宗教改革者たちの足跡を辿っている。

女性宗教改革者アルギュラ・フォン・グルムバッハの異議申立て

2016年9月25日　第1版第1刷発行

著　者——伊勢田奈緒
発行者——串崎　浩
発行所——株式会社 日本評論社
　　　　〒170-8474 東京都豊島区南大塚3-12-4
　　　　電話 03-3987-8621　FAX 03-3987-8590
　　　　振替 00100-3-16　https://www.nippyo.co.jp/
印刷所——精興社
製本所——牧製本印刷　　装　幀——レフ・デザイン工房
検印省略　©ISEDA Nao 2016
ISBN978-4-535-56343-8　Printed in Japan

JCOPY 〈(社)出版者著作権管理機構 委託出版物〉
本書の無断複写は著作権法上での例外を除き禁じられています。複写される場合は、そのつど事前に、(社)出版者著作権管理機構（電話 03-3513-6969、FAX 03-3513-6979、e-mail: info@jcopy.or.jp）の許諾を得てください。また、本書を代行業者等の第三者に依頼してスキャニング等の行為によりデジタル化することは、個人の家庭内の利用であっても、一切認められておりません。